LES PROCÉDÉS

DE

REPRODUCTION EN RELIEF

MANIÈRE D'EXÉCUTER LES DESSINS

POUR

LA PHOTOGRAVURE

ET

LA GRAVURE SUR BOIS

PAR

G. FRAIPONT

PROFESSEUR A LA LÉGION D'HONNEUR

Ouvrage accompagné de 50 dessins inédits de l'auteur

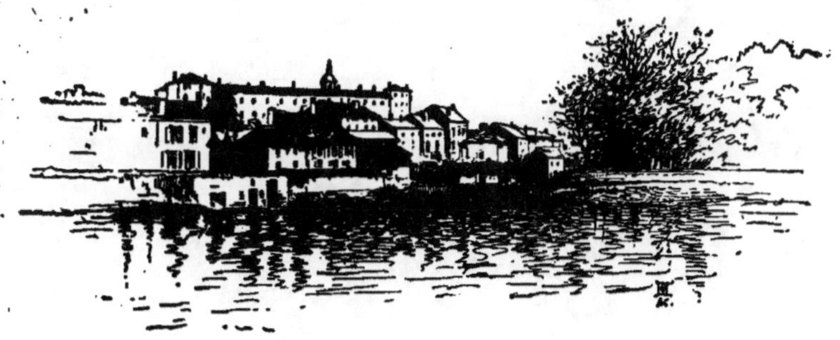

PARIS

LIBRAIRIE RENOUARD

H. LAURENS, ÉDITEUR

6, RUE DE TOURNON, 6

INTRODUCTION

Savoir faire un joli dessin soit à la plume, soit au crayon, soit par tout autre moyen, cela est fort bien et suffit à maintes gens qui ne voient là qu'un agrément, qu'un passe-temps, qu'une distraction ; peu importent alors les moyens employés pour rendre l'effet cherché : que celui-ci soit agréable à l'œil, que le dessin soit bien indiqué et les valeurs bien posées, le but est atteint.

Mais parmi ceux qui manient le pinceau ou la plume il en est beaucoup qui seraient bien aises de savoir comment s'y prendre pour faire un dessin propre à être transformé en *cliché*, permettant de reproduire ledit dessin à un nombre illimité d'exemplaires ; et ce ne sont pas seulement ceux qui voient dans la reproduction de leurs dessins une source de bénéfices, mais aussi des amateurs, pour lesquels maintes occasions se présentent soit de composer des programmes, de dessiner des menus, des cartes d'invitation, que sais-je, mille choses enfin pour lesquelles ils offrent ou pour lesquelles on réclamera leur concours. Noblesse oblige... talent aussi et si vous en possédez quelque peu (ce que je souhaite), soyez certain qu'on en usera, que bien souvent d'aimables jeunes filles ou de charmantes femmes vous prieront de leur dessiner quelque gentille carte d'invitation à une fête de bienfaisance ou quelque programme de « five o' clock musical » ;

à moins d'être peu aimable il vous faudra gracieusement
accepter et vous exécuter avec non moins de grâce !

Or, cartes ou programmes nécessitent généralement
un nombre respectable d'exemplaires et, à moins de
passer vos jours et vos nuits à dessiner, dessiner tout le
temps pour atteindre le chiffre fixé, il vous faudra bien
avoir recours à un procédé de reproduction quelconque
qui vous permettra, avec un dessin unique, d'offrir
autant d'épreuves qu'on vous en demandera... et même
davantage, sans augmentation de peine pour vous.

Voulez-vous nous suivre quelques instants? Si oui,
nous allons essayer de vous expliquer de notre mieux la
façon dont il faudra traiter votre dessin pour arriver à
en obtenir la « multiplication ».

LES
PROCÉDÉS EN RELIEF

CHAPITRE I
LES DIVERS GENRES DE PROCÉDÉS

Des procédés de reproduction, il en existe pas mal déjà et il en naîtra encore, soyez-en persuadé. Plusieurs subdivisions s'imposent :

1° Les procédés typographiques ;
2° Les procédés lithographiques ;
3° Les procédés de taille-douce.

Nous nous occuperons ici des premiers seulement, réservant les autres pour un prochain opuscule.

Procédés typographiques. — Dans ce genre de procédés, le dessin, une fois reproduit, apparaît en relief et permet de tirer typographiquement ; l'œuvre ainsi transformée devient l'équivalent du caractère d'imprimerie et s'imprime de façon identique.

Nous n'entrerons pas dans les conditions indispensables pour faire un bon tirage, ceci nous entraînerait trop loin et n'intéresse directement que les « imprimeurs » qui en savent plus long que moi à cet égard ; nous nous contenterons de nous étendre sur les différentes manières de traiter un dessin pour le rendre propre à la reproduction par l'un ou l'autre des procédés que nous allons passer en revue ; lorsque votre dessin sera fait dans les conditions voulues vous serez en droit d'exiger du graveur une reproduction parfaite, un cliché excellent et par suite vous pourrez aussi exiger de votre imprimeur un tirage irréprochable.

Disons tout d'abord qu'il est deux genres de « reproducteurs » : les graveurs sur bois qui sont (certains du moins) des artistes de grande valeur et les photograveurs dont le nom dit assez que le genre de travail auxquels ils se livrent a pour base la photographie.

A tout seigneur, tout honneur : la gravure sur bois ayant rang d'ancienneté, c'est par elle que nous commencerons.

CHAPITRE II

GRAVURE SUR BOIS

En parlant des procédés il est bien entendu que nous n'entendons point vous donner les moyens de reproduire *vous-même* votre œuvre, mais bien les indications voulues pour faire votre dessin de façon qu'il puisse être reproduit par un artiste, si c'est la gravure sur bois que vous choisissez, ou par un praticien si vous préférez un des procédés ayant la photographie pour base.

Il vous faudrait au reste, pour parfaire vous-même une reproduction en relief, des études, un apprentissage

très long avant de vous voir capable de graver proprement
sur bois une brindille quelconque ou une silhouette, fût-
elle fort simple. L'apprentissage serait moins long peut-
être pour devenir « photograveur » ; mais en revanche
l'installation serait fort compliquée et « le jeu n'en vaudrait pas la chandelle ».

Il est deux manières de faire un dessin destiné à être
gravé sur bois. Jadis, avant toutes les applications
photographiques trouvées depuis quelques années,
l'artiste dessinait directement sur bois son œuvre ; au-
jourd'hui beaucoup préfèrent exécuter leurs compositions sur papier et faire photographier sur bois. Nous
sommes partisans de cette seconde manière de faire et
voici pourquoi :

Lorsque vous dessinez sur le bois même vous avez
d'abord l'ennui de travailler sur une matière préparée
(car le bois subit un apprêt dont nous parlerons plus
loin) qui vous déconcerte quelque peu au début ; je sais
bien qu'on s'y fait vite, aussi n'est-ce point là la raison
qui me fait préférer le dessin sur papier, mais bien celle-
ci : votre bois dessiné une fois terminé, le graveur
s'empresse de le tailler en tous sens avec des burins,
des outils piquants ou coupants, pour creuser tous vos
blancs, et laisser en relief toutes les parties dessinées ;
il rapproche ses tailles plus ou moins, les fait plus ou
moins fines, les coupe, les surcoupe pour obtenir les valeurs que vous avez indiquées (car le talent du graveur
consiste à rendre bien exactement toutes les formes
d'une part, toutes les valeurs de l'autre) ; il doit au
moyen de lignes, de hachures, de pointillés rendre
l'effet de toutes les parties que vous avez, vous, massées
en à plat, soit au pinceau, soit au crayon ; si vous avez
vous-même fait un dessin au trait, si vous avez vous-

même procédé par hachures, il faudra qu'il grave en fac-similé et qu'il enlève tous les intervalles laissés entre celles-ci de façon à ne laisser en relief que les lignes dessinées... Ce n'est pas mince affaire ni travail récréatif, vous le voyez ! Au reste les graveurs sur bois, ceux tout au moins qui aiment leur art et veulent, tout en conservant religieusement la tenue d'une œuvre, y mettre une interprétation personnelle, ceux-là, dis-je, préfèrent de beaucoup les dessins faits par à plats, par valeurs, à ceux faits par hachures qu'ils doivent s'ingénier à rendre, ce qui devient alors plus une question d'habileté qu'une question d'art.

Lorsqu'une œuvre est faite au lavis, le graveur doit chercher le genre de travail qui siéra le mieux à chaque partie, il lui faudra varier ses coupes et ses surcoupes pour en rendre le caractère.

Que devient votre dessin pendant ce temps-là ? il disparaît peu à peu sous le burin et le bois une fois gravé, adieu votre œuvre que vous ne reverrez plus qu'à l'épreuve, mais avec une interprétation autre que la vôtre ; vos jolis petits tons, vos gris superbes bien appliqués au pinceau se seront transformés en lignes plus ou moins fines, en hachures plus ou moins larges, les valeurs seront restées ce qu'elles étaient, si votre graveur a été artiste habile, mais la « facture » sera absolument modifiée.

Donc plus trace de dessin et même, en considérant le bois une fois gravé, auriez-vous peine à vous y reconnaître, car tout est à l'envers ! naturellement.

Lorsqu'un bois a été bien gravé on se console de l'anéantissement du dessin, mais, hélas ! s'il est d'excellents graveurs, il en est aussi de médiocres et de déplorables ! oh alors ! c'est un crève-cœur réel de considérer

piteusement une épreuve — seul souvenir qui vous restera — où les valeurs auront été sacrifiées, le dessin
déformé, où vous chercherez en vain des détails que
vous aviez avec soin indiqués !.. à vau-l'eau, tout cela, le
burin a tout massacré ! et si vous réclamez, le graveur
vous répondra, pour peu qu'il ne se rende pas compte

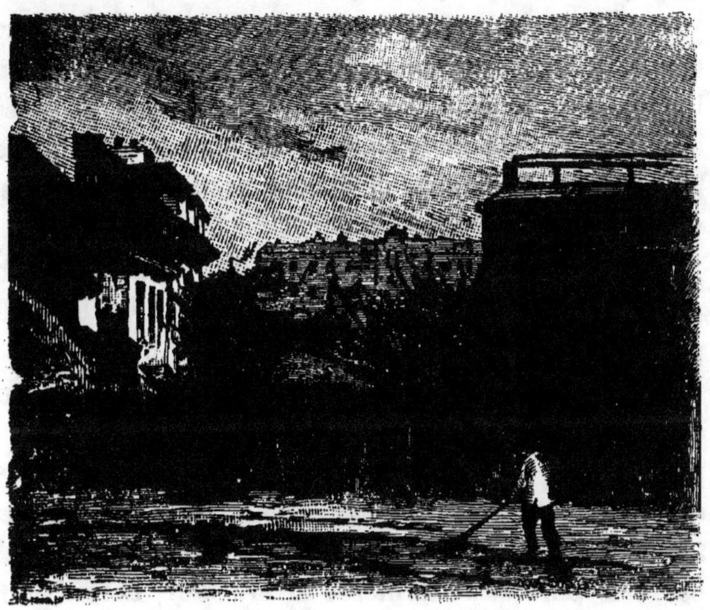

Fig. 1.

lui-même de son incapacité : « Mais j'ai gravé ce
qui y était, moi, je n'ai fait que suivre votre dessin !... »
allez donc lui prouver le contraire à présent que vous
n'avez plus de pièce à conviction... Et voilà pourquoi je
préconise le dessin sur papier, car celui-ci restera intact ;
la photographie devant en faire la reproduction sur bois,
le graveur pourra s'offrir le luxe d'autant de coups
de burin qu'il voudra ; d'une part il aura lui-même sous
les yeux un original (votre dessin) qui le guidera dans

son travail et de l'autre vous aurez, vous, un modèle à comparer avec la reproduction. .

Le dessin fait en vue de la gravure sur bois est celui qui sera le plus aisé à exécuter pour quiconque sait manier le crayon, la plume, le pinceau ; le plus aisé comme exécution proprement dite, puisque vous n'êtes tenu par aucune règle et que vous serez libre de traiter votre dessin à peu près comme vous le voudrez ; les conditions requises, les seules, sont celles requises pour tout dessin quel qu'il soit : être franchement traité, juste de lignes, avoir ses valeurs nettement indiquées, ses blancs bien lumineux de façon que le graveur n'ait pas à hésiter.

Quant à la facture elle sera « ad libitum », vous pourrez dans un même dessin, vous servir de lavis, de plume, de crayon, de gouache (fig. 1 à 4).

Le mieux est, toutefois, de masser son dessin au lavis en procédant par grandes teintes pour mettre de suite à peu près son effet, puis de monter de tons et de repiquer ensuite les noirs et les lumières ; les détails un peu fouillés seront travaillés au crayon mine de plomb, de pâte très pure et de numéros divers : dur, demi-tendre et tendre ; les frottis au coton, à l'estompe ou au doigt sont également autorisés pour unifier des tons, mais il n'en faut point abuser de crainte de faire « mou » !

On emploiera pour les lavis, soit de l'encre de Chine, soit du noir d'ivoire (couleur d'aquarelle) ; on se servira pour les tons transparents soit de l'un ou l'autre, délayé seulement avec de l'eau ; on y adjoindra de la gouache pour les tons couvrants, opaques.

Qu'il s'agisse d'un dessin sur papier, destiné à être photographié sur bois, ou d'un dessin sur le bois lui-même, la façon de faire est la même ; dans ce dernier cas, nous le répétons, on éprouvera au début quelques difficultés, vite surmontées du reste.

Le bois (du buis) destiné à la gravure est monté par assemblage de petits carrés collés et fixés les uns aux autres de manière à ne former, quelle qu'en soit la gran-

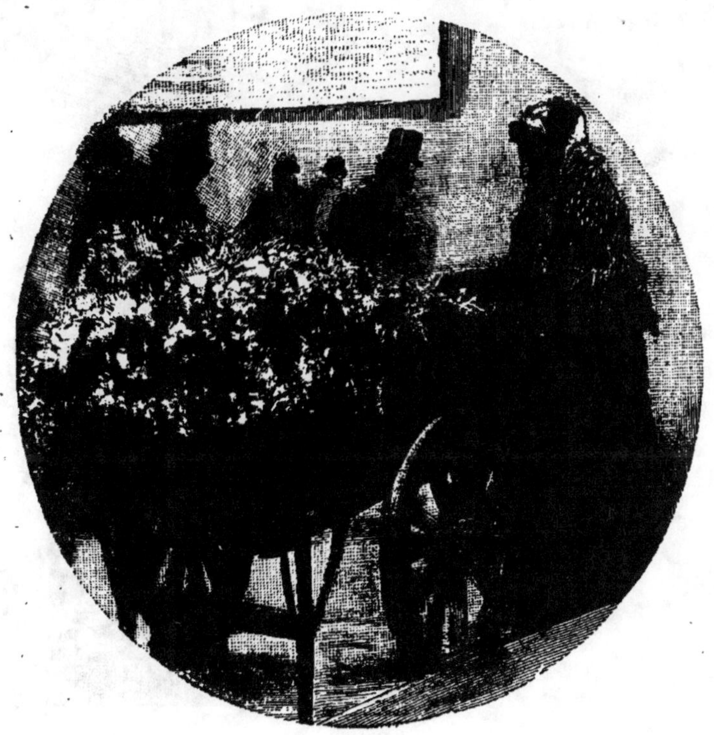

Fig. 2.

deur, qu'un bloc, d'une épaisseur toujours la même (23 millimètres), la surface en est absolument plane et unie comme une glace dont elle a presque le luisant ; c'est justement ce luisant qui rendrait à peu près impossible de dessiner sur le bois si l'on n'y étendait un apprêt qui a pour but de le blanchir d'abord et de le rendre un peu rêche ensuite ; sans cet apprêt (qu'il faut exiger léger, pourtant) le crayon ne mordrait pas, le lavis ne s'étendrait point et enfin le veiné du bois gênerait considérablement, mais si cet apprêt a les avantages que nous venons d'indiquer, il présente aussi le léger ennui de se délayer si l'on met trop d'eau et de boire quelque peu, ce qui rendra difficile l'application de teintes unies sans

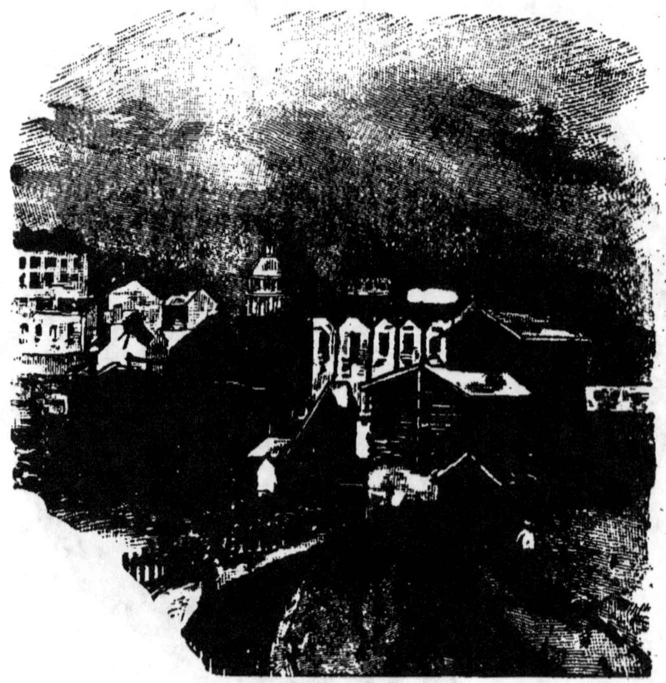

Fig. 3.

gouache; on s'y fait vite toutefois, et après quelques essais on s'habitue à travailler presque aussi aisément sur bois que sur papier.

Ce sont des spécialistes (ils ne sont guère que trois ou quatre à Paris) qui préparent les bois pour la gravure. C'est à ceux qu'incombe non seulement le soin de l'assemblage, mais aussi celui de l'apprêt. Outre le

collage qui fixe entre eux les différents morceaux qui
composent « un bois », celui-ci est traversé par des
chevilles à pas de vis et à écrous. Les bois d'une certaine dimension sont divisés en plusieurs parties non
collées et seulement fixées par lesdites chevilles, ce qui
permet le démontage, indispensable pour le graveur,
qui ressoude après gravure les divers morceaux et fait

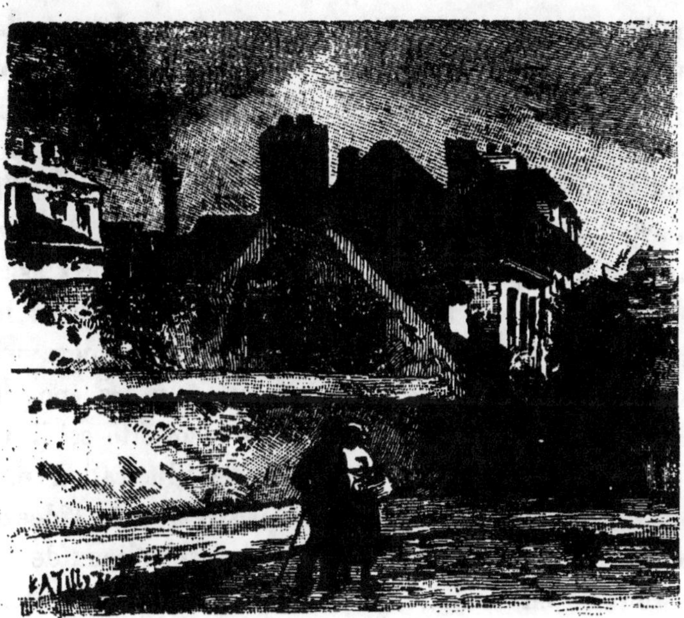

Fig. 4.

les raccords. Ceci dit seulement à titre de renseignement,
car le dessinateur n'a point à se préoccuper de la composition de son bois, mais uniquement de celle de son
dessin.

La gravure sur bois était jadis la seule employée
pour les illustrations de livres (je dis la seule en tant
que procédé en relief) ; depuis la découverte des procédés photographiques, ceux-ci ont pris une extension

telle qu'ils ont relégué au troisième ou quatrième plan
cette pauvre gravure qui restera toujours pourtant, quand
elle sera traitée par des artistes, le procédé supérieur ;
il est impossible en effet, malgré le talent d'un dessinateur, malgré la perfection d'un dessin et l'habileté
d'un photograveur, d'obtenir les finesses, les moelleux
d'une belle gravure sur bois, — celle-ci peut rendre
tous les effets, toutes les gammes de gris ou de noirs
quelles que soient la finesse des uns, la vigueur des
autres ; la photogravure, elle, ne peut rendre les tons
que par à peu près. Pourquoi alors cette dernière
a-t-elle détrôné sa devancière ?... Pour plusieurs raisons
dont la première est, — ce qui est toujours regrettable
en art — une question d'économie. Une bonne gravure
sur bois faite par un habile artiste, coûte un prix assez
respectable, et ce n'est que justice, étant données les
difficultés et la longueur du travail — la photogravure
est d'un prix dix fois moindre ; or, a notre époque,
le moindre prospectus, la moindre plaquette est illus-
trée !... Est-ce le besoin de fourrer des illustrations partout qui a fait naître dans d'ingénieux cerveaux l'idée de
trouver des moyens rapides et peu dispendieux de les
reproduire en vue de l'impression, ou est-ce, au contraire, la découverte des nouveaux procédés qui est
cause de cette vulgarisation du dessin ?... je ne me
charge point de le dire, mais je penche fort vers la
dernière hypothèse ; en tout cas si la chose a du bon,
elle a aussi du mauvais. — Si elle est cause de l'éclosion
d'une foule d'artistes de grande valeur, elle est aussi
cause de celle d'un tas de gens qui pondent un tas d'hor-
reurs et, ce qui est plus malheureux, d'une foule d'autres qui se trompent de route, se figurent avoir du talent,
et, s'imaginant qu'en fait d'illustrations il n'y a qu'à se

baisser pour en prendre, s'aperçoivent trop tard que ce n'est pas si aisé que cela et meurent de faim !... Je m'écarte pas mal, ce me semble, de mon sujet, et je discute les procédés plus que je ne les explique... Qu'on veuille bien me pardonner cette digression graphico-philosophique, j'y reviendrai d'autant moins que je ne veux pas me mettre à dos MM. les photograveurs, charmantes gens la plupart, que j'ai l'air d'accuser !... Non ! leur procédé a du bon, beaucoup de bon, pour ma part je n'ai qu'à m'en louer et je dois dire que, si je préfère une bonne gravure sur bois à une bonne photogravure, j'aime mieux cent fois une photogravure médiocre qu'une mauvaise gravure sur bois ; dans cette dernière tout est sacrifié, dessin et effet: dans l'autre, si la reproduction est mauvaise, elle conserve au moins quelque chose de l'œuvre de l'artiste, l'effet aura disparu, peut-être, mais le dessin subsistera... puis c'est peu de chose que de faire refaire un cliché et c'est toute une affaire que de faire recommencer la gravure d'un bois, surtout si le dessin a été fait sur le bois lui-même !

CHAPITRE III

QUELQUES NOTIONS SUR LA PHOTOGRAVURE

Le mot : « Photogravure » s'applique à tous les procédés quels qu'ils soient (aussi bien ceux en creux que ceux en relief) qui consistent à photographier un dessin, le reporter sur métal et le graver aux acides. — Comme nous l'avons dit, la Photogravure « en relief » nous occupera seule dans la présente brochure. Le nom réel de la Photogravure en relief est *paniconographie*, c'est Gillot qui l'a baptisé ainsi, et il avait pour cela tous les droits, puisqu'il est le père dudit procédé.

Le nom parut sans doute un peu long et compliqué aux intéressés, éditeurs et artistes qui préférèrent le rebaptiser du nom de *Gillotage* ou *Procédé Gillot*.

Ce procédé est tout récent, puisque Gillot ne le fit connaître qu'en 1867... il avait commencé ses recherches en 1850.

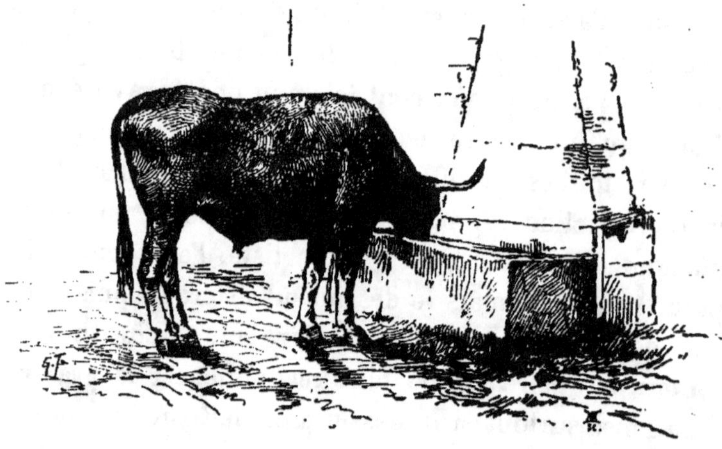

Fig. 5.

Il nous paraît utile d'expliquer brièvement le principe du Gillotage, on n'en comprendra que mieux les indications que nous donnerons par la suite sur la manière d'exécuter les dessins destinés à être reproduits par ce procédé, et pourquoi il ne faut pas s'écarter de certaines règles sous peine de compromettre la réussite de cette reproduction.

Lorsque d'après un dessin (ou une gravure) on veut obtenir un cliché typographique, on photographie le dessin à la grandeur voulue, puis on détache la pellicule photographique qu'on applique en la retournant sur une planche de zinc préparée au bitume de Judée (on peut employer d'autres métaux, mais le zinc est préféré à cause de la modicité de son prix). Celle-ci subit alors une préparation qui permet d'*encrer* avec le rouleau typographique ; on saupoudre ensuite de résine. — La planche est plongée alors dans une cuvette contenant de l'eau mêlée d'acide nitrique (eau-forte), cuvette qu'il faut balancer constamment afin que le liquide s'étende sur la surface

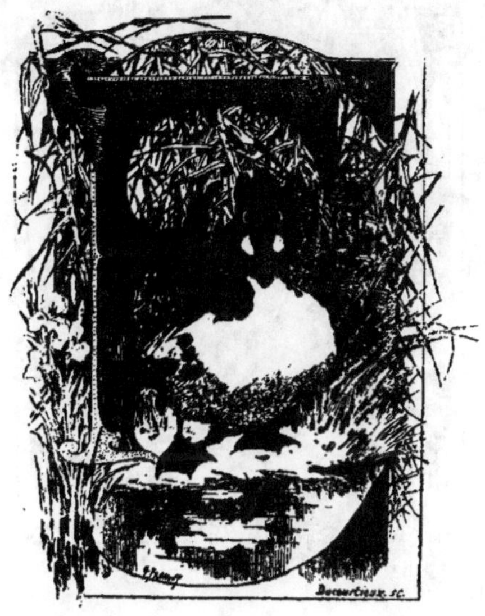

Fig. 6.

du zinc et ronge régulièrement celui-ci. — Les encres grasses appliquées au rouleau sur toutes les parties dessinées auxquelles elles ont adhéré, protégent celles-ci contre la morsure de l'acide, seules les parties où le métal est resté à découvert sont rongées peu à peu ; voilà donc les creux obtenus et par conséquent les reliefs du dessin ; mais l'opération doit se renouveler trois, cinq, dix fois suivant le degré d'intensité à obtenir. — Dès que le zinc s'est quelque peu creusé, on le retire

de la cuvette, car les angles des traits seraient vite atta-
qués et détériorés ; on encre de nouveau solidement la
planche, on remet de la résine en poudre, puis, après
avoir recouvert complètement les parties jugées assez
mordues, on recommence l'opération, qui se renouvelle
ainsi successivement jusqu'à ce que les parties les plus
vigoureuses soient arrivées au degré d'intensité voulu.

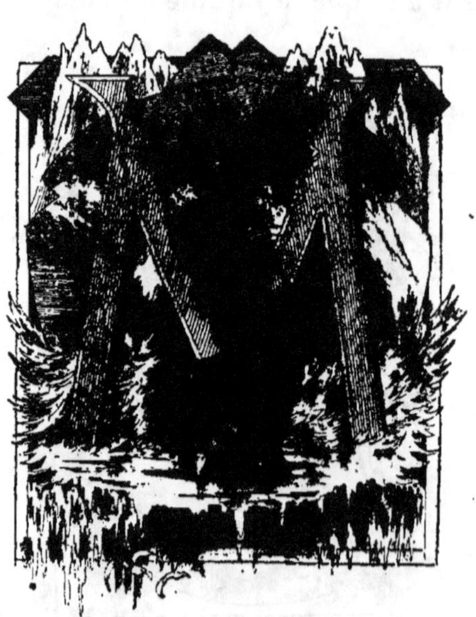

Fig. 7.

... Et voilà votre dessin transformé en cliché typographique ; le zinc est monté sur un bloc de bois de
l'épaisseur réglementaire, qui pourra s'enclaver au
milieu des caractères d'imprimerie et se tirer avec eux.

Le procédé de gravure qui consiste à se servir d'acide
nitrique comme agent est fort ancien, puisque, en
somme, pour la gravure à l'eau-forte on ne procède
point autrement (celle-ci est en creux, on le sait) ; ce
qu'il y a de nouveau dans le procédé dit « gillotage »

c'est d'abord d'obtenir un relief au lieu d'un creux, ensuite, et surtout, l'application de la photographie pour reproduire toute gravure, tout dessin faits uniquement de traits, de hachures, de points (1), laissant

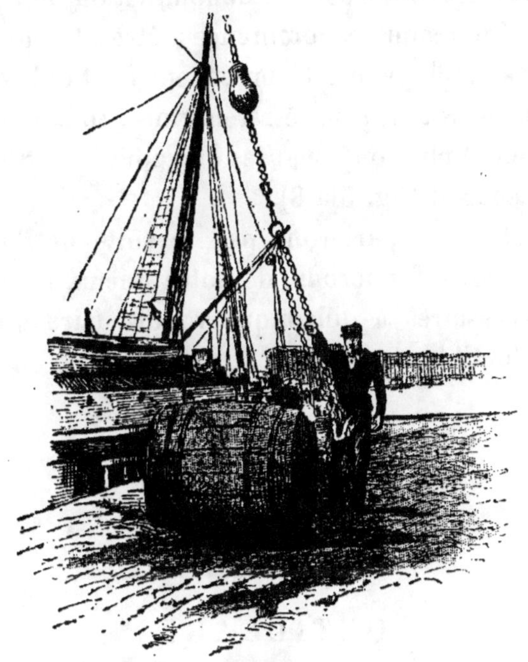

Fig. 8.

entre eux des espaces suffisants pour n'être point bouchés par les encres grasses.

Voilà la synthèse du procédé le plus employé. Depuis son invention, bien des progrès ont été accomplis, bien des modifications apportées, mais la base reste la même.

Nous venons de dire que les dessins destinés au « gillotage », devaient être uniquement traités par traits,

(1) Voir : *Le dessin à la plume.*

2

hachures ou pointillés ; il est pourtant un procédé similaire à celui que nous venons d'expliquer dans les quelques lignes qui précèdent, et qui reproduit le lavis, le
crayon et tous les genres de dessins exécutés en teintes ;
ce procédé est connu sous la dénomination de « procédé
simili ». Le « simili » commence à être à la mode et s'il
est moins employé que le précédent c'est qu'il entraîne
à des dépenses qui, sans être énormes, sont néanmoins
sensiblement plus importantes que pour le « gillotage »
proprement dit (fig. 5 à 8).

Au reste nous parlerons par la suite de l'un et de
l'autre et nous donnerons, de notre mieux, les explications nécessaires à quiconque voudra faire un dessin
« reproductible ».

CHAPITRE IV

OUTILLAGE

En principe les dessins destinés à la reproduction,
devront être faits sur papier très blanc avec de l'encre
très noire. — Ceci est le point de départ.

Est-ce à dire que seuls les dessins réunissant ces
deux conditions peuvent être reproduits ? Non ; mais
ce sont évidemment ceux qui donnent le meilleur résultat. Pour peu qu'on ait entendu parler « photographie »,
on sait que certaines couleurs sont photogéniques et que
d'autres ne le sont pas : les jaunes, les rouges et leurs
dérivés (bistres, orangés, etc), produisent des tons
violents à l'épreuve photographique — les bleus ne

produisent presque rien, souvent rien du tout. Donc:
toute encre qui tirerait sur le rouge ou sur le jaune
(tout dessin fait avec l'une de ces deux couleurs) « *viendrait bien* » en photographie — toute encre bleutée
viendrait moins bien — tout dessin dessiné en bleu ne
viendrait pas du tout. Pour renverser la proposition
ajoutons qu'un dessin dessiné en noir sur papier jaune
ou rouge ne donnerait aucun résultat, tandis que ce
même dessin exécuté sur papier bleu viendrait parfaitement.

Occupons-nous d'abord du dessin « à la plume » seulement.

Le papier qu'il est préférable d'employer est le *Bristol*,
qu'il faudra choisir point trop glacé et de pâte bien
serrée; comme il est rare qu'on n'ait pas quelque grat-
tage à faire (on n'est pas impeccable), il ne faut pas que
le papier *peluche* aux endroits grattés ni qu'il boive,
mais que, même aux endroits grattés, il conserve une
surface à peu près unie et qu'on puisse travailler à
nouveau. — Quant aux plumes, je vous laisse le soin de
les choisir vous-même; chacun a ses préférences à cet
égard, et j'ai dit ailleurs les qualités qu'il faut exiger
d'elles.

Prenez comme encre, l'encre de Chine en flacon
et très noire, nous l'avons dit; quelques crayons, pour
indiquer le dessin avant l'exécution, quelques pinceaux
pour les à plats, de la gomme à effacer, des grattoirs;
voilà votre outillage (fort simple vous le voyez) au complet.

Il n'y a plus maintenant qu'à se mettre à l'œuvre.

... Se mettre à l'œuvre, à la condition, bien entendu,
qu'on sache dessiner à la plume, car cette brochure n'a
pour but que de donner les renseignements nécessaires

pour faire du dessin de façon à le rendre apte aux reproductions diverses, non de donner les premiers éléments du dessin à la plume (base des procédés de photogravure) que nous avons indiqués ailleurs (1).

CHAPITRE V
LE DESSIN A LA PLUME DESTINÉ AU GILLOTAGE

Les dessins faits en vue du procédé Gillot doivent toujours être faits de dimensions supérieures à celles de la reproduction. Dimensions proportionnelles, cela va de soi, puisque c'est la photographie qui se chargera de les réduire. Exemple : Il est bien évident que si vous faites un dessin de 30 centimètres × 18 centimètres, par exemple, et que vous indiquiez la réduction sur le grand côté à 20 centimètres (soit 1/3 de réduction), le petit côté de 18 centimètres diminuera dans les mêmes proportions et que vous obtiendrez 12 centimètres à la réduction (1/3 en moins également). Ceci paraît superflu à dire, mais mieux vaut donner trop de renseignements que pas assez.

Avant de commencer une œuvre il faut donc toujours faire la part de la réduction que celle-ci doit subir, cela non seulement pour ne pas faire d'erreur de dimensions, mais encore parce que, suivant l'importance de cette réduction, la facture en devra être modifiée.

On peut, c'est évident, faire une reproduction de me-

---

(1) Voir : *Le dessin à la plume.*

sures identiques à celles de l'original, mais vous allez comprendre bien vite pourquoi il est préférable d'agir autrement.

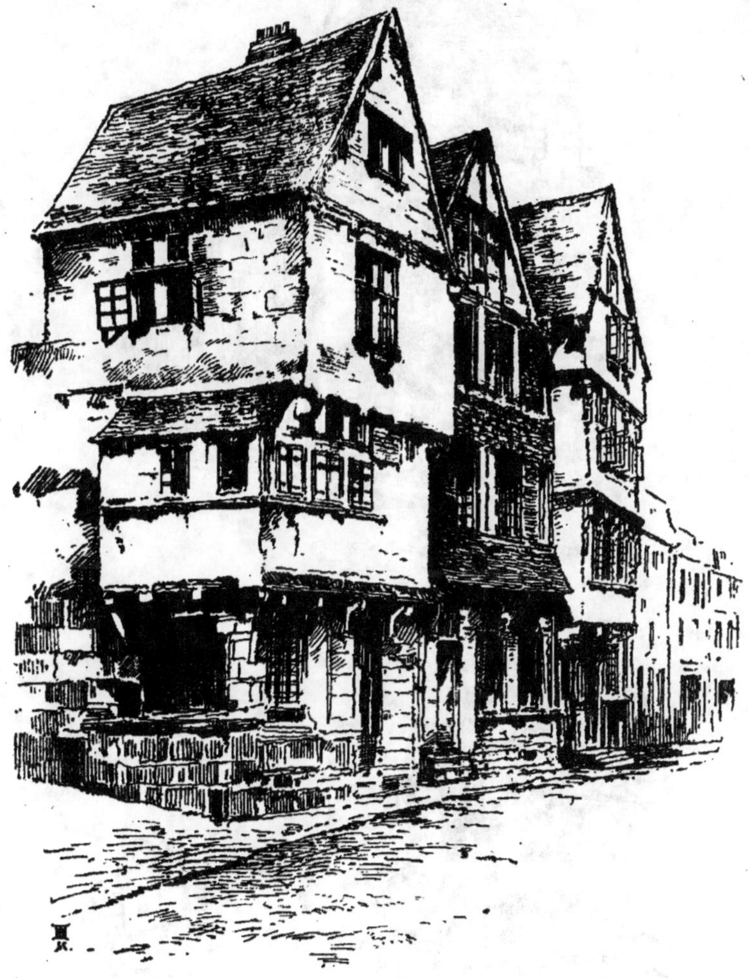

Fig. 9.

Nous vous avons dit les différentes étapes par lesquelles passera votre œuvre avant d'être transformée en cliché : 1° photographie ; — 2° application de la pellicule photographique ; — 3° encrage ; — 4° morsures à l'acide.

Or, ces différentes opérations épaississent, alourdissent plus ou moins les traits.

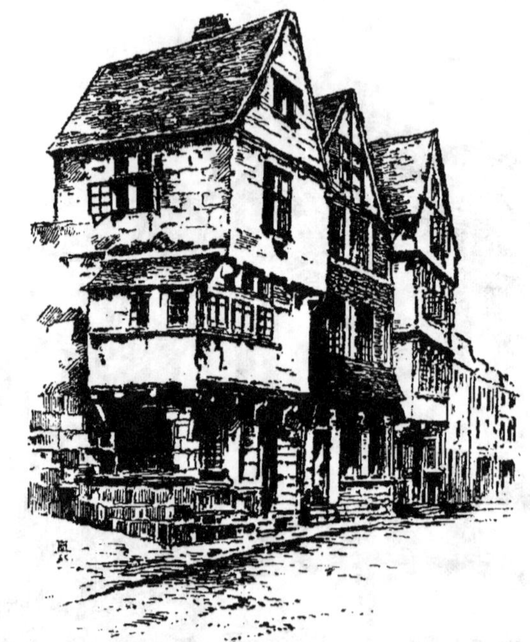

Fig. 10.

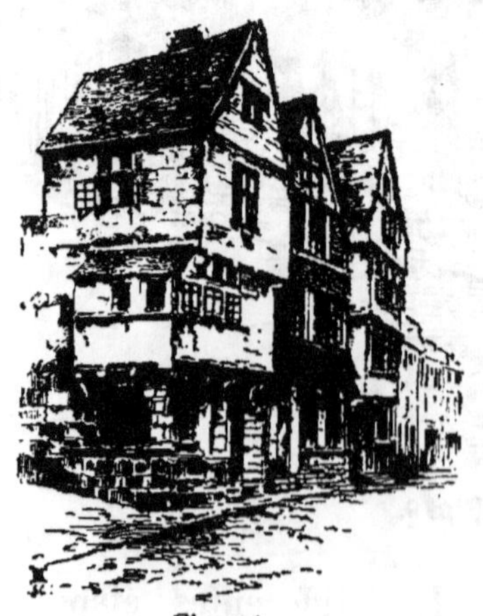

Fig. 11.

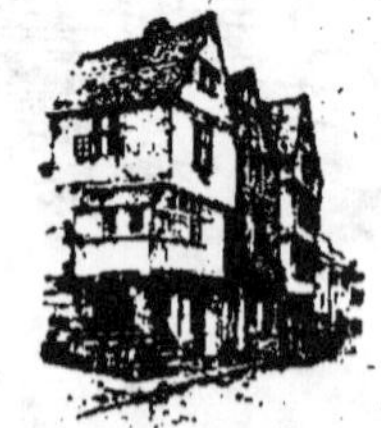

Fig. 12.

Lorsqu'il s'agit de petits dessins il faut, naturellement, qu'ils soient finement faits ; quelque habileté que vous possédiez et quelque excellents que soient vos yeux

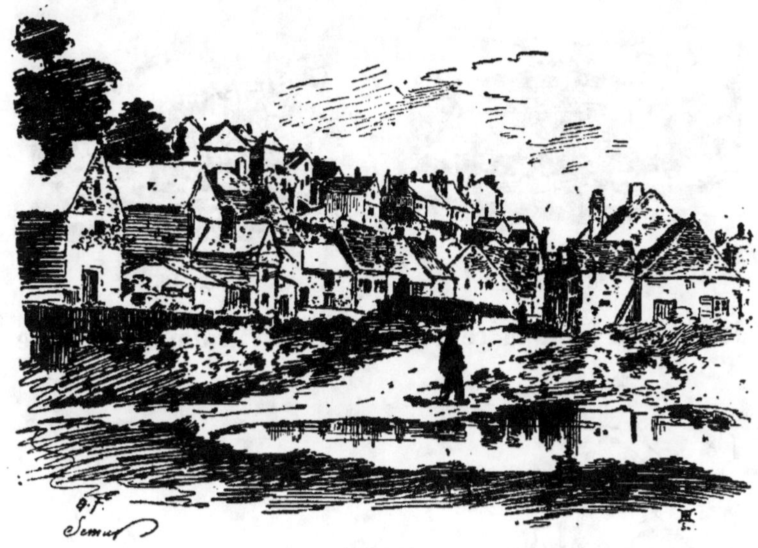

Fig. 13.

il vous sera malaisé de faire, dans des dimensions très

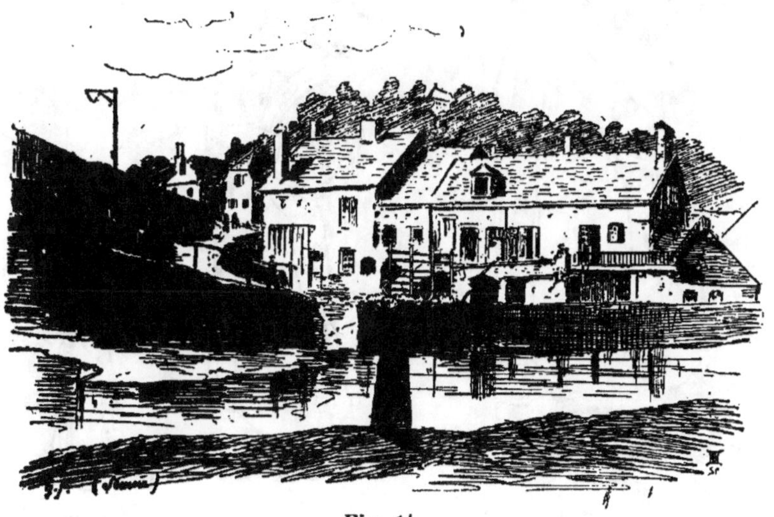

Fig. 14.

restreintes, un travail absolument net, il vous sera impossible d'indiquer purement certains détails ; or, la netteté

est la qualité primordiale d'un bon dessin (j'entends un

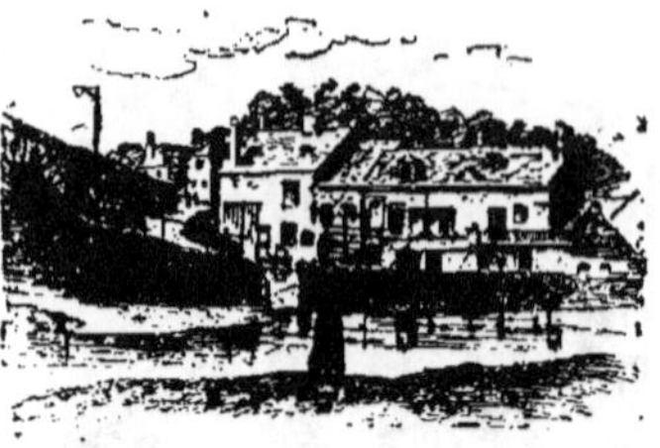

Fig. 15.   Fig. 16.

dessin bon pour la reproduction). Il y a donc ici grosse

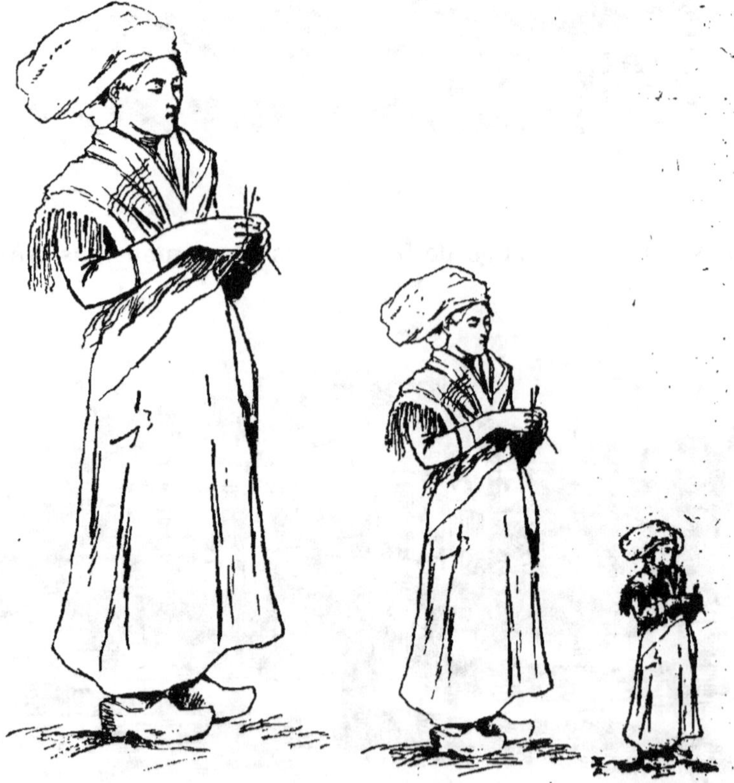

Fig. 17.   Fig. 18.   Fig. 19.

difficulté pour vous, et grosse difficulté pour l'opérateur
photographe qui ne pourra pas toujours exiger de son

objectif le rendu intégral de tout ce que vous aurez fait
où cru faire. Il faut encore considérer ceci : l'appareil
photographique, lorsqu'il est entre les mains d'un homme
adroit, est généralement de caractère soumis et fait

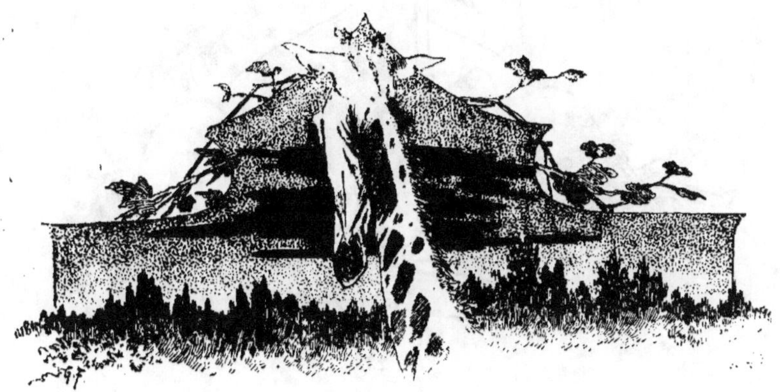

Fig. 20.

très consciencieusement son travail ; on lui demande
de reproduire ce qu'il voit par son œil unique, il obéit...
Ah, dame ! il ne corrige point ; tant pis pour vous si vous
avez fait des erreurs, des pâtés ou des boulettes, il

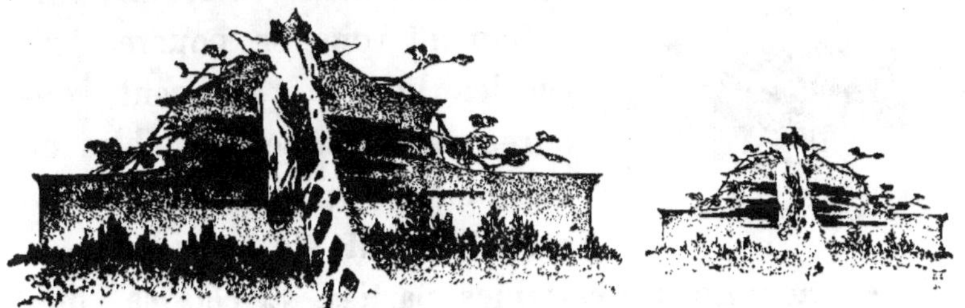

Fig. 21.   Fig. 22.

vous rendra les unes et les autres avec une fidélité ri-
goureuse. Mais où cela commence à devenir plus grave
c'est lorsqu'il s'agit de faire les reports aux encres
grasses; les jolis petits détails auront disparu pour peu
que leur netteté n'ait été que relative ; certains traits

pas assez franchement tracés se seront coupés, cassés ; à la morsure tous ces défauts s'accentueront encore, l'acide ronge, dévore ; résultat . un dessin qui, à l'œil, était

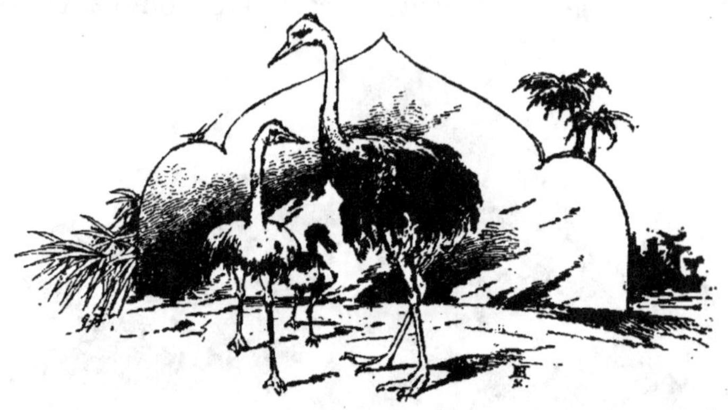

Fig. 23.

agréable à voir, devient une petite horreur impossible à regarder.

Lorsqu'on exécute son dessin d'une certaine dimension, on a beaucoup plus de chances d'éviter tous ces ennuis. Plus votre dessin sera grand, mieux vous pourrez y caser clairement vos détails, plus nettement vous en pourrez tracer les lignes et souvent vous aurez des surprises agréables en considérant, pour peu que la réduction ait été raisonnée, la

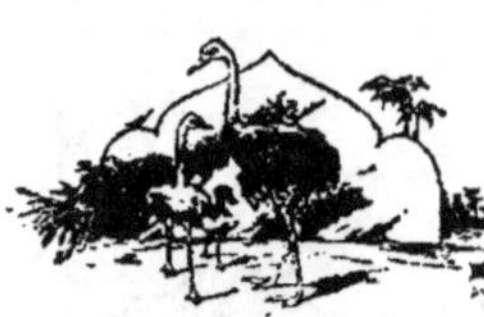

Fig. 24.

finesse acquise par certaines parties. Et cela se comprend : si les dimensions générales, si le format de votre œuvre est réduit, il est évident que tous les détails se réduisent dans les mêmes proportions, que les traits s'affinent et que les espaces qui les séparent se rapprochent.

Plus un dessin subit de réduction et plus il doit être

largement traité, c'est dire que plus une réduction est minime plus le dessin doit être exécuté finement. Y a-t-il une proportion de grandissement à adopter pour un dessin destiné à être « gilloté » ?— Non. — Notre avis est que, lorsqu'il s'agit du genre qui nous occupe (le dessin à la plume seulement sur bristol), le meilleur parti à prendre, quand on le peut, est de faire un dessin très grand, simple de facture et large d'exécution. Au gillotage tout se resserre, les détails prennent de la légè-

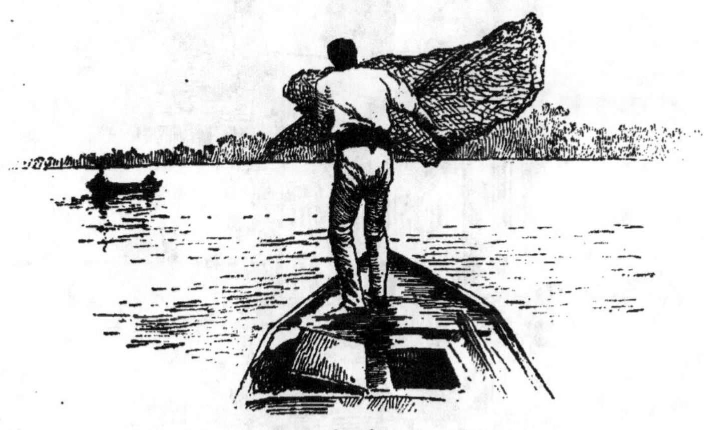

Fig. 25.

reté, les lignes se rapprochent et l'on arrive à une finesse très grande. Voici un croquis exécuté à une grandeur de 12 centimètres et réduit successivement sur la hauteur à 11 centimètres (fig. 9), à 7 centimètres et demi (fig. 10), à 5 centimètres (fig. 11), à 2 centimètres et demi (fig. 12).

Ce dessin s'est reproduit nettement dans chacune de ces réductions (quelle que soit l'importance de celles-ci) parce que l'exécution de l'original était nette, elle aussi, et sans exagération de croisements.

Des croquis rapides, faits haut la main, sans recherche d'exécution, donnent souvent, étant très réduits, d'excellents résultats, on est soi-même étonné de l'effet obtenu par la reproduction.

Comme exemples, voici deux dessins faits dans les conditions susdites; les originaux ont 31 centimètres de

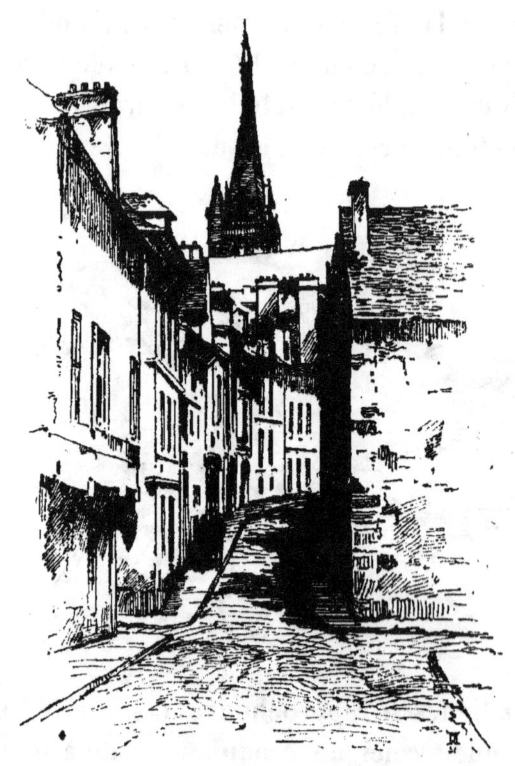

Fig. 26.

grand côté, et sont tous deux d'une facture « très lâchée »; ils ont été exécutés d'après nature en quelques instants et gagnent évidemment beaucoup aux réductions qui leur ont été imposées, l'un et l'autre réduits d'abord à 9 centimètres (fig. 13 et 14), puis à 4 centimètres (fig. 15 et 16).

Du trait seulement, franchement tracé, se réduira à

l'infini. Voici un dessin, exécuté dans ces conditions à 15 centimètres de haut et reproduit à 9 centimètres (fig. 17), ensuite à 6 centimètres (fig. 18) et enfin à 3 centimètres (fig. 19).

Le pointillé et les lignes sans croisements sont dans le même cas et se réduiront tant qu'on voudra. Exemple : les figures 20, 21, 22, dont l'original a été fait à 20 centimètres, puis réduit successivement.

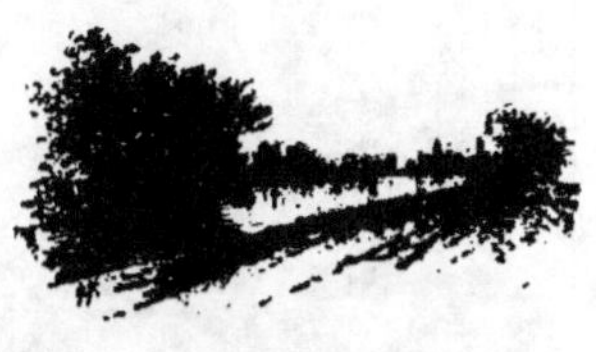

Fig. 27.

Notez qu'on peut, avec un travail simple d'exécution, faire des dessins complets et très à l'effet. Afin de bien fixer le lecteur sur les différences obtenues aux réductions par des dessins de factures diverses, nous multiplions les exemples et nous leur donnons les mesures

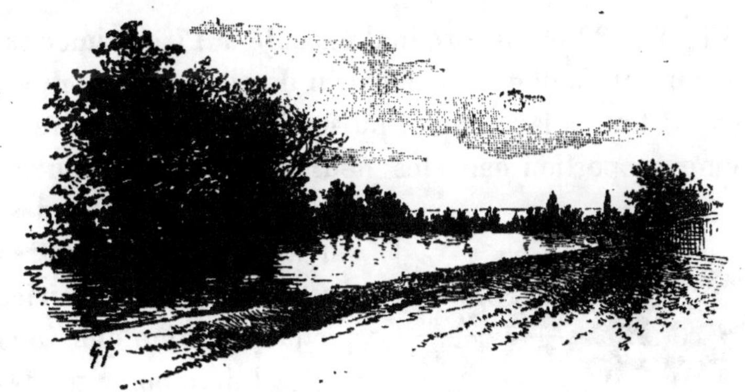

Fig. 28.

auxquelles ont été exécutés les originaux, ils feront des comparaisons entre leurs réductions normales et les réductions volontairement exagérées.

Figures 23 et 24, les originaux avaient 20 centimètres de base.

Figure 25, l'original avait 21 centimètres de base.

Figure 26, l'original avait 12 centimètres de base.

Figures 27 et 28, l'original avait 16 centimètres de base.

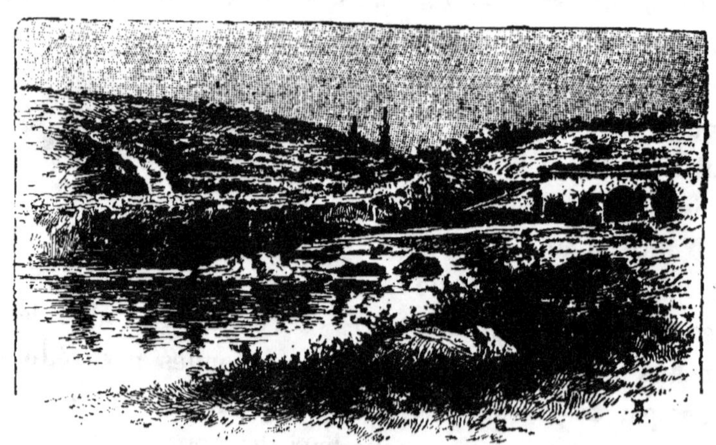

Fig. 29.

Figures 29 et 30, original exécuté à 17 centimètres.

Quand il s'agit d'augmenter un dessin d'une **fraction**, cela est tout à fait simple, puisqu'il suffit de prendre la même proportion dans les deux sens. Si vous voulez, par exemple, avoir un dessin ayant 24 centimètres sur 12 et que vous désiriez que la réduction que vous voulez lui imposer ne dépasse pas un cinquième, il va sans dire que vous aurez à l'augmenter d'un quart dans les deux sens, soit 6 centimètres, sur le grand côté, ce qui vous donnera 30 centimètres et 3 centimètres sur l'autre, ce qui produira 15 centimètres En réduisant 30 centimètres d'un cinquième (soit 6 centi-

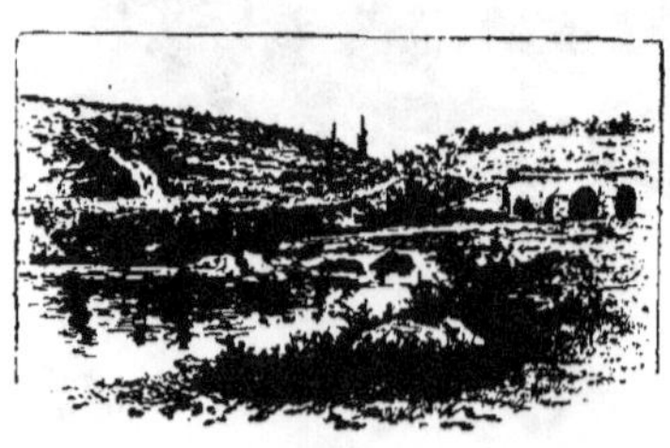

Fig. 30.

mètres) vous obtenez les 24 centimètres demandés, et dans l'autre, 15 moins le cinquième (3 centimètres) vous donneront vos 12 centimètres.

Ce qui précède pourrait s'intituler : de l'utilité de connaître son arithmétique pour faire du dessin à la plume, mais, bien que l'arithmétique soit la science exacte par excellence (quand on est assez fort pour ne pas faire d'erreurs de calculs), je vais vous donner un moyen tout aussi exact d'augmenter proportionnellement un

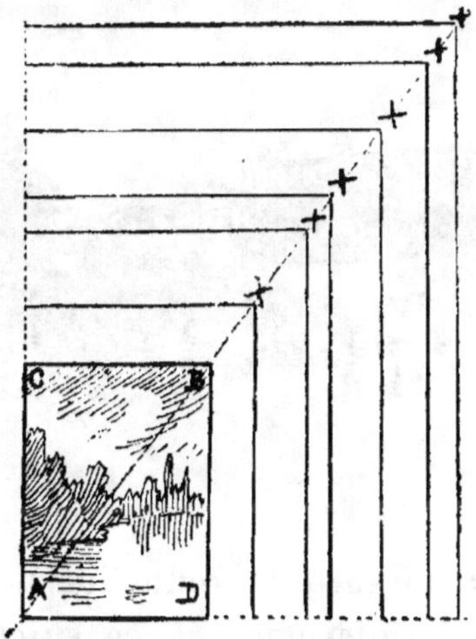

Fig. 31.

dessin et vous éviter des calculs qui, simples lorsqu'une mesure est facilement divisible sans fractions, deviennent longs et sont sujets à erreurs lorsqu'il en est autrement.

Ce moyen est tout simplement la diagonale :

Tracez sur votre papier, dans un angle, les dimensions exactes que devra avoir la reproduction de votre dessin (fig. 31). Tracez une diagonale partant du point A et prolongée en passant exactement au point B ; vous obtiendrez toutes les augmentations proportionnelles que vous voudrez en traçant une horizontale (parallèle

à la ligne CB) et une verticale (parallèle à BD) venant
se rejoindre au point X et continuant les lignes exté-
rieures AD et AC.

Aucun calcul n'est nécessaire, pour ce faire, vous
n'avez point à vous préoccuper d'augmentation de tiers,
de quart ou de moitié, vous exécuterez votre dessin à
une grandeur quelconque, suivant votre caprice, suivant
la façon dont vous le voudrez traiter et, celui-ci fait,
vous n'aurez qu'à indiquer au crayon dans un sens ou

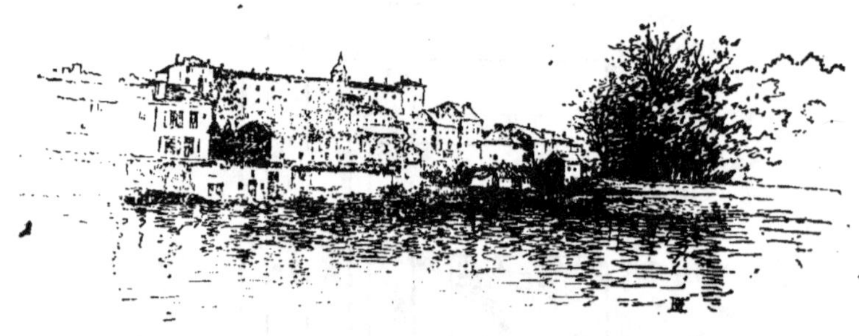

Fig. 32.

dans l'autre, la mesure de réduction dans laquelle le
photograveur se renfermera. A ce sujet une observation.

Il est beaucoup de dessins qui ne sont point arrêtés
par des lignes d'encadrement et dont les bords se ter-
minent « en vignette ».

Le photograveur calcule toujours sa réduction sur
les points extrêmes du dessin ; il faut donc faire attention
de ne pas prolonger, trop au dehors, certaines lignes,
car c'est sur elles que se basera l'opérateur pour prendre
ses mesures (fig. 32) à moins que, à l'aide de flèches,
vous n'ayez eu soin d'indiquer exactement les deux
points d'où les mesures doivent être prises (fig. 33).

Voilà, je pense, à peu près tous les renseignements

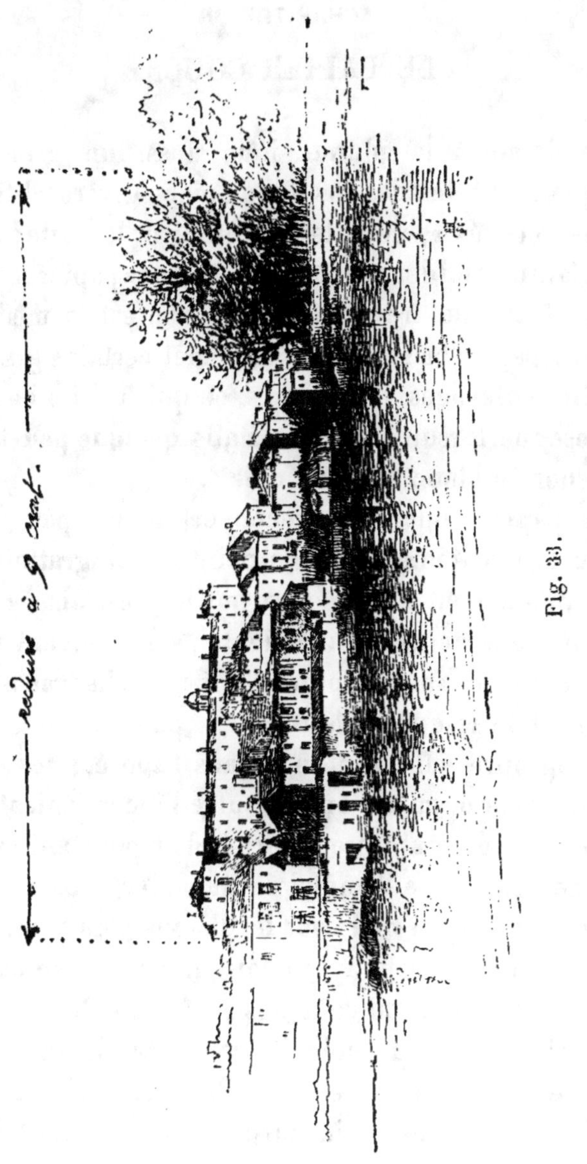

qui vous sont nécessaires pour le procédé « à la plume ».
Passons maintenant à ses variantes.

CHAPITRE VI

LE PAPIER COUCHÉ

Le dessin à la plume joue aussi un grand rôle lorsqu'on fait des dessins sur papiers divers, dits « papiers-procédés », nous le verrons par la suite ; mais il nous faut dire ici deux mots du dessin sur « papier couché » — La façon de travailler son dessin est la même que pour le papier bristol, mais il permet certains grattages, certains enlevages de lumières, ce qui facilite beaucoup la besogne lorsqu'on a des détails quelque peu ténus à détacher en blanc sur fond noir.

Le papier couché est recouvert d'une pâte qui se désagrège facilement sous la pointe ou le grattoir, mais si le maniement de ces deux outils y est aisé, celui de la plume a certains inconvénients ; en appuyant un peu fort, pour peu que la plume soit très chargée d'encre, on court le risque de faire des « pâtés » ; si la plume est trop dure, elle s'enfonce dans l'apprêt ; les dessins exécutés sur ce papier ont en outre l'inconvénient d'être dépourvus de souplesse... on s'y fait pourtant et il est bon de s'exercer à l'emploi dudit papier, très utile dans certains cas, ainsi que nous le disions plus haut.

Supposez que vous ayez à faire une frise, un encadrement, que sais-je, où vous désiriez avoir des traits fins, un niellé blanc sur noir, il vous sera malaisé de les réserver, à moins d'être doué d'une patience angélique et d'une sûreté de main surprenante ; c'est là que le papier couché vous viendra en aide. Vous y mettrez tout simplement un à plat d'encre en ayant soin : 1° de mettre juste ce qu'il faut pour noircir le papier, un point surcharger, car en séchant, l'encre mise en trop grande quantité traverserait l'apprêt et le rendrait impropre aux enlevages ; 2° en ayant soin de mettre les noirs *au pinceau*, car la plume rayerait le papier, égratignerait la couche de blanc et le même inconvénient que ci-dessus se produirait.

Une fois les à plats noirs appliqués dans les conditions sus-indiquées, il faut attendre qu'ils soient parfaitement secs. — A l'aide d'un papier enduit de sanguine ou de bleu on décalquera son dessin sur ces parties et on fera les enlevages de blanc. — Notre figure 34 est faite ainsi que nous venons de l'expliquer.

Ici une remarque : Nous venons de dire décalquer à la *sanguine* ou au *bleu*. Le décalque à la sanguine ne doit être employé que sur les parties noires, il serait néfaste de faire avec cette couleur le calque de tout autre dessin, par la raison toute simple que ce calque, s'il n'était

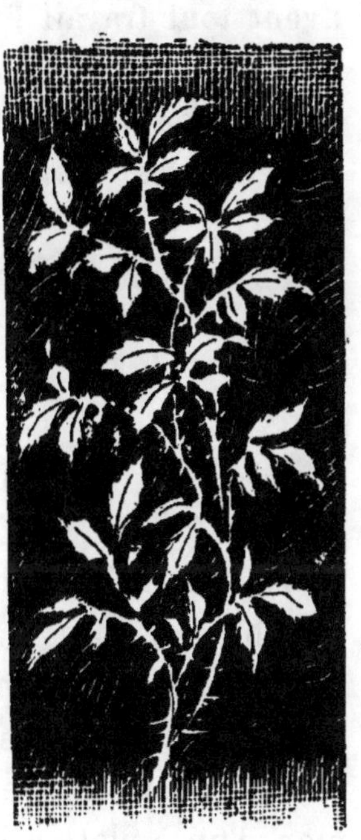

Fig. 34.

pas bien enlevé après l'exécution (et la sanguine tient solidement), risquerait de se photographier et de se graver comme les parties à la plume ; il faut donc faire son croquis, ou son décalque, soit légèrement à la mine de plomb qu'on enlève à la gomme une fois le dessin terminé, soit au bleu, qui ne vient pas à la photographie ; nous avons du reste expliqué cela dans un des précédents chapitres.

Dans les dessins en blanc sur noir l'emploi de la sanguine n'a aucun inconvénient, puisque sur le noir elle peut rester impunément, et que les grattages l'enlèveront forcément dans les parties blanches.

Le papier couché a d'autres avantages encore, par exemple celui de permettre de surcouper des traits au moyen de la pointe ou du grattoir, et même de passer avant tout travail la roulette dans certaines parties, ce qui strie uniformément le papier et permet l'emploi du crayon tout comme pour les papiers-procédés blancs dont nous parlerons par la suite.

———————

CHAPITRE VII

LES GRISÉS

Vous avez très sûrement remarqué dans certains dessins reproduits par le gillotage et exécutés entièrement à la plume des parties d'un ton gris uni, ton obtenu par un *pointillé* très serré ou par un *ligné* excessivement fin dont les traits fort rapprochés donnent l'illusion d'un à plat au lavis.

Vous vous serez certainement demandé, pour peu que les procédés de reproduction soient pour vous lettres mortes, comment on arrivait à obtenir ces teintes que, du premier coup d'œil, on voit bien n'être point faites à la main; la régularité des traits ou du pointillé implique en effet l'idée d'un... « truc » — c'en est un, en effet, et d'autant plus facile à employer que c'est un autre qui l'emploiera pour vous.

Ces teintes unies sont obtenues au moyen de reports.

— Les photograveurs ont des planches soit pointillées,
soit rayées, dont ils tirent épreuves qu'ils appliquent sur

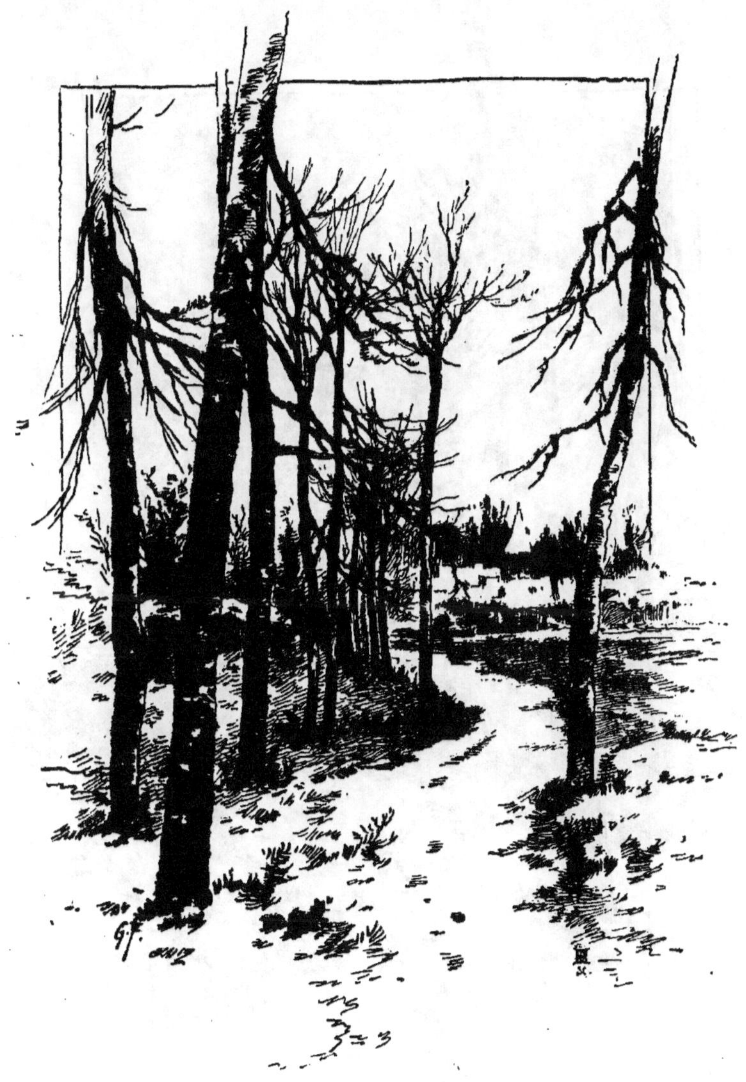

Fig. 35.

le zinc, après la photographie du dessin bien entendu,
mais avant la morsure à l'acide ; cette opération est fort

simple, mais il s'agit, au préalable, de couvrir exactement
de gomme, préparée à cet effet, toutes les parties qui

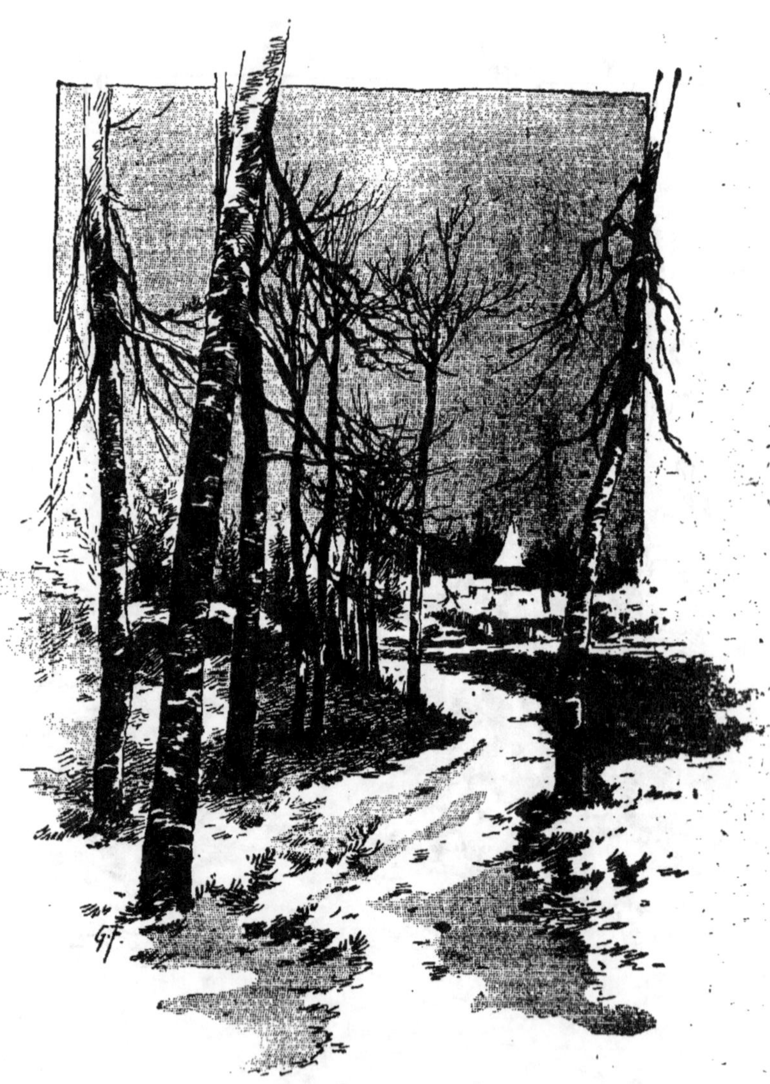

Fig. 36.

doivent rester indemnes du *grise* en question ; c'est ce
qui s'appelle en terme de métier « faire des réserves ».

Le *grisé* peut se mettre non seulement pour garnir des parties laissées sur le dessin, mais aussi pour unifier

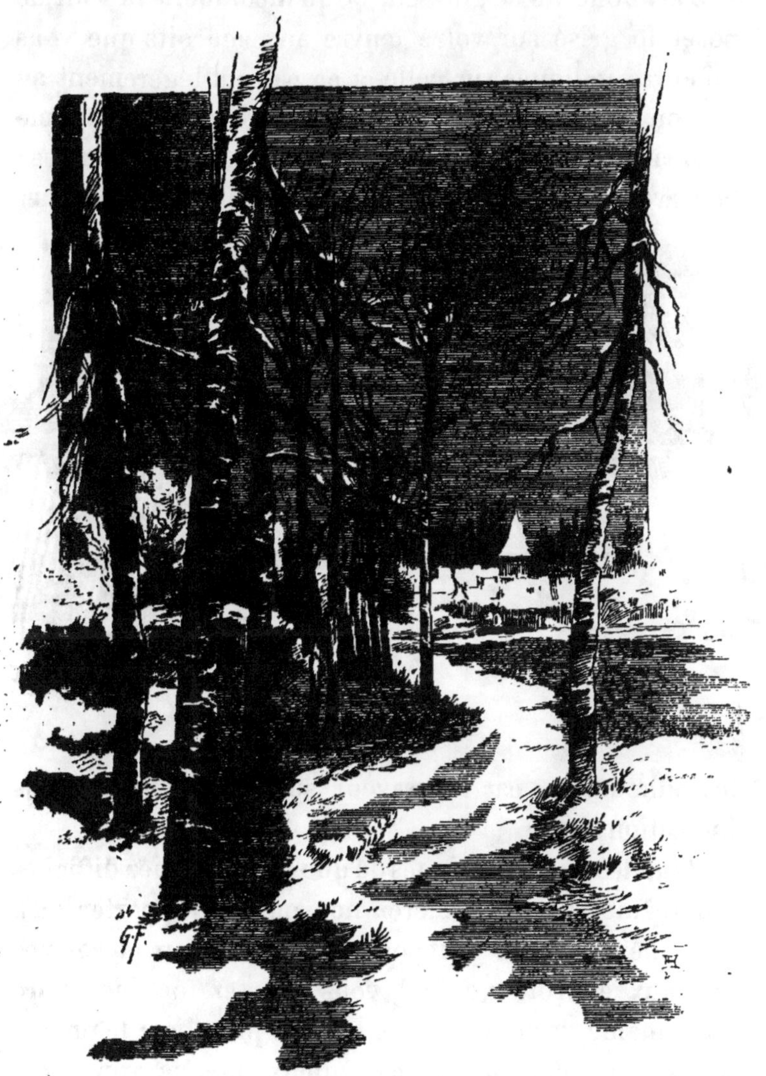

Fig. 37.

des valeurs travaillées à la plume. Les figures 35, 36, 37 représentent le même dessin, l'un sans grisé, le second

avec pointillé, le troisième avec rayé : on jugera ainsi de
la différence d'aspect.

C'est donc au « gilloteur » qu'incombera le soin de
poser le grisé sur votre œuvre aux endroits que vous
lui aurez indiqués sur celle-ci en passant légèrement au
crayon *bleu* (ou au lavis non moins léger de la même
couleur) toutes les parties où vous voulez qu'il paraisse ;
ce travail doit être fait avec grand soin, il faut bien cerner

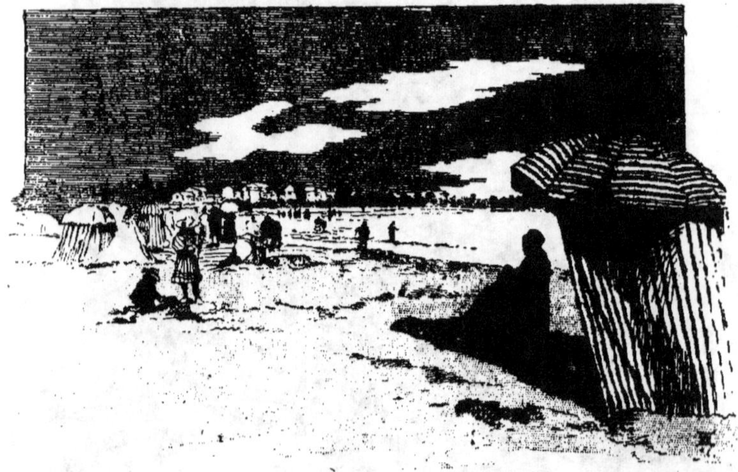

Fig. 38.

les silhouettes, car le graveur suivra exactement vos
indications.

Pour des travaux soignés ou que vous jugeriez difficiles
(ou même, si vous préférez ne vous en rapporter qu'à
vous-même, ce qui vaut souvent mieux, pour placer vos
gris aux endroits voulus) vous pourrez fort bien faire
vous-même vos « réserves » sur vos planches ; le photograveur ne demandera pas mieux que de vous voir
vous charger de ce travail et vous fournira la gomme de
réserve nécessaire.

En tous cas il faudra lui stipuler si c'est un point,

une ligne horizontale ou une verticale que vous voulez.

Dans un même dessin vous pouvez faire mettre les trois, mais il est préférable qu'un certain espace sépare les uns des autres (fig. 38).

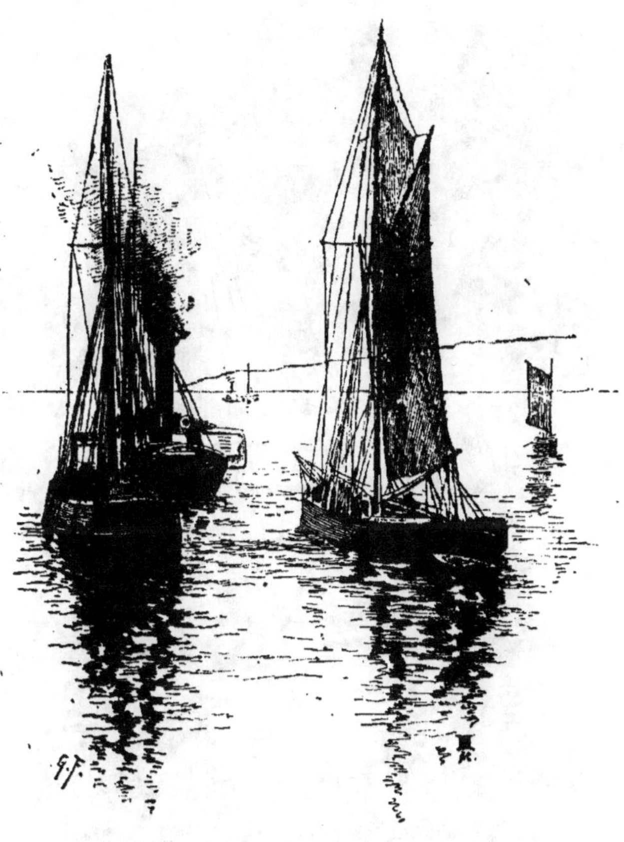

Fig. 39.

Il est une autre adjonction facile à faire faire à un dessin à la plume, adjonction qui est l'affaire du graveur : il s'agit d'ajouter de l'*aqua-tinte* obtenue avec un grain de résine ; je ne vais point vous développer la manière dont on traite l'aqua-tinte, car cela n'intéresse, le cas échéant, que le praticien qui exécute le cliché, non l'artiste

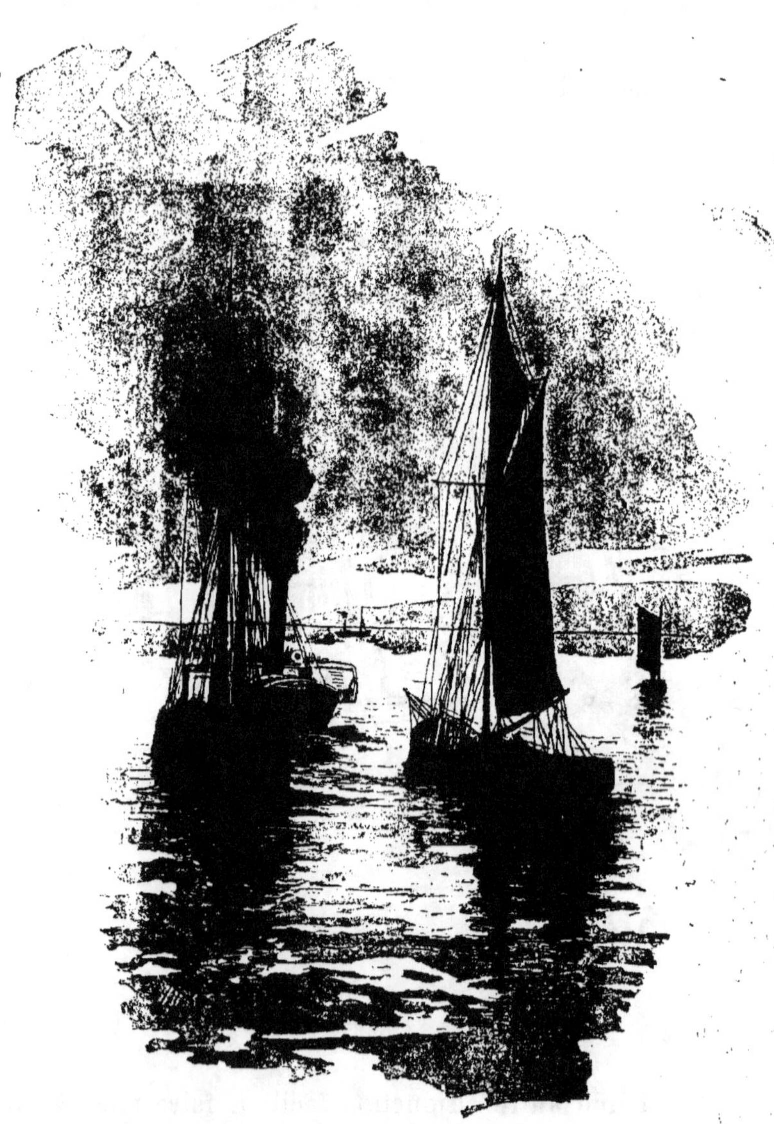

Fig. 40.

qui exécute le dessin, le rôle de celui-ci se bornera à
indiquer au lavis, *sur une épreuve* que lui remettra le

graveur (car l'aqua-tinte s'applique après coup), toutes les parties à couvrir.

Ce procédé a l'avantage de permettre des différences de tons, des nuages dans un ciel (fig. 39 et 40), etc., tandis que les *grisés* dont nous avons parlé plus haut ne donnent que des à plats unis, mais il a l'inconvénient, s'il n'est pas exécuté très adroitement, de retirer souvent de la netteté au dessin, d'en brûler certains traits. — En somme, pour ma part, je préfère travailler un peu plus mon dessin à la plume et n'adjoindre que du grisé ordinaire ; je ne suis partisan de l'aqua-tinte que dans certains cas.

CHAPITRE VIII

DESSINS AU LAVIS

On est arrivé maintenant, de façon satisfaisante, à rendre propres au tirage en relief, des dessins faits au lavis, à la sauce ; des fusains où les frottis à l'estompe ont été employés, etc., grâce au *procédé direct* dont nous avons dit quelques mots déjà.

Je dis façon « satisfaisante », mais non « parfaite » et ceci n'est point la faute des graveurs, mais la faute du procédé typographique.

Il est urgent en effet pour celui-ci, nous l'avons dit au début, que les traits aient entre eux un espace, fût-il imperceptible ; toute partie unie, fût-elle, sur le dessin, légère comme un souffle, devient carrément un à plat noir au tirage ; l'encre d'impression prend sur toute partie laissée en relief sur le cliché, et comme c'est brutal et que ça ne raisonne pas, une machine, ça vous enduit d'encre tout ce qui dépasse.

Il fallait donc trouver un moyen de rendre, à peu

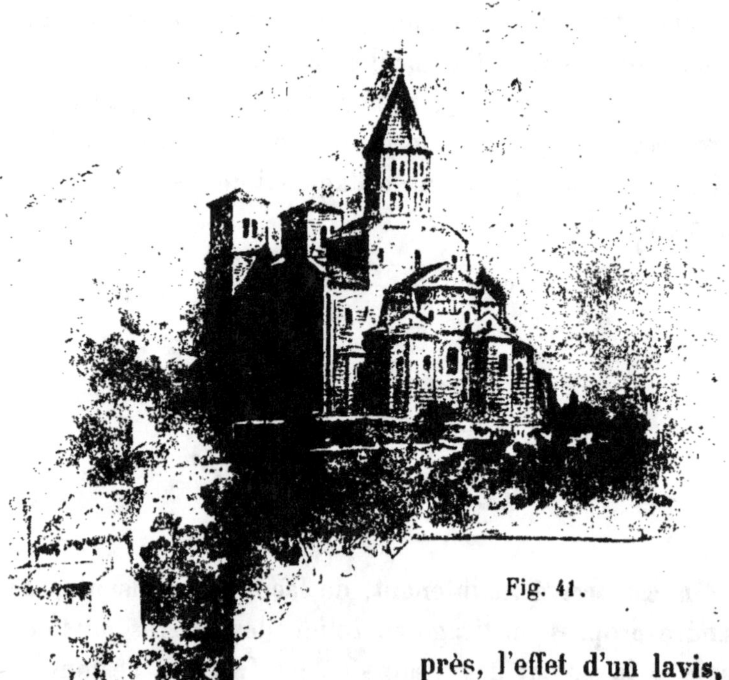

Fig. 41.

près, l'effet d'un lavis, et on a imaginé, pour ce faire, de surcouper la reproduction d'un dessin par des moyens qui seraient trop longs à expliquer ici, mais dont l'un d'eux consiste à se servir d'une glace rayée de lignes si fines qu'on ne les voit presque qu'à la loupe.

Au moment de la morsure, l'acide pénètre dans les petits intervalles que les traits ont laissés entre eux et qui sont tellement imperceptibles que le dessin ainsi reproduit, conserve l'aspect d'un lavis ; mais il est aisé de comprendre que les vigueurs s'amollissent et que ce surcoupage partout le rend quelque peu flou et indécis.

Enfin ! il faut bien se contenter de ce résultat puisque, jusqu'à présent, au moins, on n'a point trouvé d'autre moyen que celui-là (fig. 41).

Le dessin destiné à une reproduction de ce genre peut être absolument libre de facture, il sera exécuté comme un dessin destiné à la gravure sur bois, il faudra seulement en exagérer un peu les effets ; mettre des noirs vigoureux, des blancs purs, car les deux perdront de leur intensité.

Il va sans dire que, puisque la photographie est ici encore le *deus ex machina*, il faudra s'en tenir à l'exécution de dessins en noir ou tout au moins en tons « rendables » par l'objectif. Le noir est, en tous cas, préférable.

CHAPITRE IX

LES PAPIERS DITS « PAPIERS-PROCÉDÉS »

Le dessin à la plume, procédé charmant, ne laisse pas, toutefois, que d'être quelque peu monotone lorsqu'il s'agit, par exemple, d'une suite de dessins dans un même ouvrage ; de plus, les effets qu'il permet sont limités. Le dessin à la plume, fait en vue du procédé typographique, reste la plupart du temps à moitié croquis, à moins, comme nous le disions, de faire des dessins très grands, très francs d'exécution, et de leur imposer une réduction énorme ; à ce prix on arrive à des résultats superbes ; mais faire des dessins de 50 centimètres pour des illustrations qui n'en doivent avoir que 8 ou 10 par exemple, cela n'est pas toujours bien pratique ni surtout avantageux.

On a donc cherché des moyens autres, pour rendre des effets variés, et les papiers dits *papiers-procédés* ont été inventés.

Il existe des papiers-procédés de plusieurs sortes. — Tous sont des papiers couchés, non pas unis, comme celui dont parle le chapitre VI, mais *striés, lignés, grainés.*

Les uns sont blancs, les autres gris. De notre mieux, nous allons les passer en revue et en indiquer le mode d'emploi.

Les papiers-procédés se divisent en deux catégories : les papiers à lignes — les papiers à grains.

Lignes plus ou moins écartées, grains plus ou moins forts ; il existe en outre un papier appelé : papier-toile, il a absolument le grain, le tissu, dirions-nous presque, de la toile ; c'est du reste une forte pression de toile dans la pâte du papier qui produit le granité en question ; ce papier est beaucoup moins employé que les autres à cause de son irrégularité.

§ 1er.

Les papiers-procédés blancs.

Nos explications pour les papiers blancs seront courtes, la façon de les travailler étant fort simple (fig. 42, 43, 44).

Disons avant tout — qu'il s'agisse du reste de papier-procédé blanc ou de papier gris — qu'il est une condition absolue qu'on fera bien d'observer toujours

d'ailleurs, quel que soit le mode de dessin qu'on exécute),
savoir : un soin méticuleux, une propreté parfaite dans
le maniement, car les papiers-procédés, plus que tous
autres, se maculent très vite et ces maculatures sont,
non seulement au détriment du dessin (c'est toujours
laid, un dessin pas propre), mais encore au détriment
du cliché; la photographie reproduira en effet ces salis-
sures avec autant d'empressement que tout le reste,
l'épreuve les reportera sur la plaque et l'acide mordra

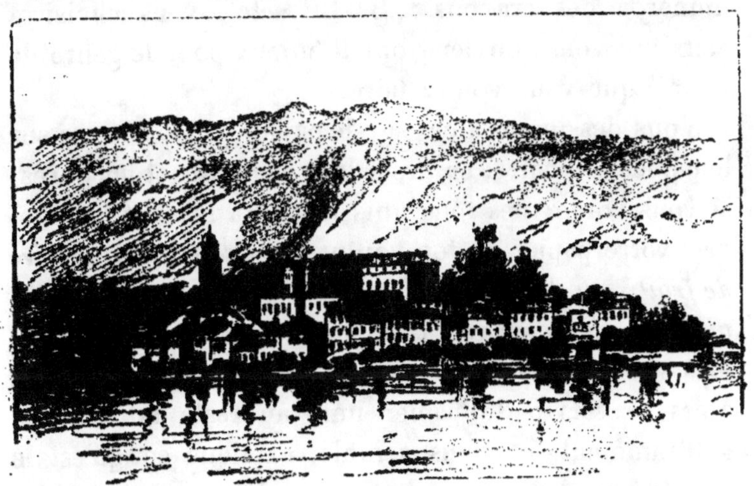

Fig. 42.

tout. C'est surtout dans le courant du travail qu'il faudra
apporter grande attention, car le crayon dont on se sert
s'écrase facilement, s'estompe pour peu qu'on le frotte...;
voilà tout votre travail compromis, car l'emploi de la
gomme, ressource quand on dessine sur bristol, n'en est
plus une ici, son emploi est prohibé; seul le grattoir
devra manœuvrer.

J'ai, avec intention, appuyé sur la question soin-
propreté vu sa grande importance. — Passons.

Il vous faut ajouter à votre outillage quelques crayons

noirs à mines charbonneuses; j'appelle ainsi les Conté, les Wolff, etc., quelques artistes se servent de crayons lithographiques, ils sont excellents, mais ils ont l'inconvénient de briller (en fixant son dessin au vaporisateur on enlève en partie ce luisant).

Si le crayon lithographique, donc, vous semble agréable à manier, servez-vous-en, mais mieux vaut, à mon avis, employer les crayons Wolff, durs, demi-durs, tendres, très noirs, c'est par lettres que sont indiqués les numéros des crayons : B, BB, etc., vous choisirez ceux qui vous conviendront le mieux pour le genre de travail que vous voulez faire.

Vous dessinerez alors sur le papier Gillot comme sur le papier ordinaire, en procédant par traits et hachures; si vous voulez des tons unis il faudra légèrement couvrir votre papier au ton voulu, mais *sans jamais faire de frottis au doigt ou à l'estompe. Ceci est une condition absolue;* en aucun cas, il ne faut boucher les interstices existant entre les lignes ou les grains; autant vaudrait alors se servir de papier uni; au reste nous avons suffisamment, ce nous semble, expliqué ce qu'est le procédé pour n'avoir pas à redire ici « le pourquoi » de chaque chose.

Dans les parties de votre dessin où vous aurez des blancs purs, des touches équivalentes à des touches de pinceau, ou bien encore des détails à détacher en lumière, vous pourrez laisser d'abord glisser votre crayon au ton sur lequel se doivent détacher les blancs en question, puis, avec un grattoir bien affilé, bien coupant (ce grattoir vous le choisirez suivant vos goûts et vos habitudes et de façon que vous l'ayez bien en main), avec ce grattoir, dis-je, vous enlèverez bien franchement les clairs; point n'est besoin d'appuyer

fort, vous écorcheriez le papier; il suffit d'enlever
l'apprêt qui se réduit en poudre sous le grattoir et
entraîne naturellement, du même coup, le crayon; les
lumières enlevées ainsi sont nettes et bien vibrantes,
mais il s'agit de ne pas se tromper et de ne point enlever
à côté, car les reprises au crayon sont interdites; en
enlevant l'apprêt, vous avez, bien entendu, enlevé aussi le
strié ou le granité de votre papier qui redevient uni aux
endroits grattés. Dans la figure 44, les touches dans

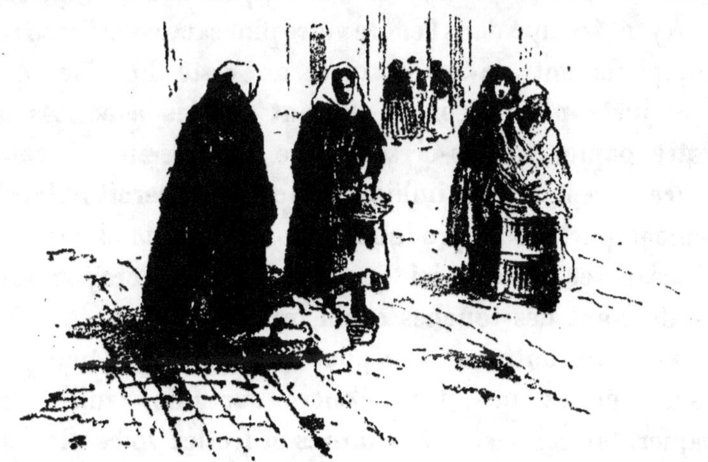

Fig. 43.

l'eau et les buissons de gauche sont faites au grattoir.
Toutes retouches au crayon faites sur ces parties unies
seraient *sur le papier* au ton que vous auriez voulu leur
donner, c'est évident, mais deviendraient, *au cliché*,
autant de touches noires; même ennui résulterait pour
des parties frottées ou estompées.

Sur le crayon, dans les premiers plans, vous pouvez
revenir à la plume, pour accentuer ou donner des
vigueurs, de même vous pouvez mettre des à plats à
l'encre ou encore faire votre dessin entièrement à la

plume (sauf dans les lointains, dans les parties de tons légers), puis revenir au crayon par-dessus comme vous procéderiez pour un lavis que le crayon, ici, remplacerait. A propos de lavis disons deux mots d'un moyen qu'il est bon d'employer, car il donne de jolis résultats ; il varie la facture ; on peut même pousser assez loin un dessin, en s'y prenant comme nous allons dire et même faire ainsi un dessin complet, mais il faut pour cela une certaine habitude et une grande attention ; nous voulons parler du *pinceau sec* (fig. 44).

Ayant trempé dans l'encre votre pinceau, vous l'essuyez complètement de façon qu'il ne reste humide que tout juste pour qu'en le passant sur les aspérités de votre papier, celles-ci seules se noircissent ; si votre pinceau restait trop imbibé, l'encre pénétrerait naturellement partout et produirait des à plats, tandis que le pinceau sec ne doit ici que remplacer le crayon tout en donnant des touches et un travail autres.

Voici un autre moyen pour employer le même procédé : étalez un peu d'encre sur une feuille de papier, laissez sécher à peu près et frottez votre pinceau sur les parties restées légèrement humides, ou bien encore laissez épaissir de l'encre en un godet et lorsqu'elle est devenue pâteuse servez-vous-en pour enduire votre pinceau. En résumé tous les moyens sont bons pourvu que votre pinceau ne soit garni de noir que juste au degré voulu pour obtenir les effets cherchés.

Si vous vous sentez de force à faire de toutes pièces un dessin de cette manière, rien de mieux, en tout cas vous pouvez toujours revenir soit à la plume, soit au crayon, soit aux deux ; cela vaut même mieux, car vous aurez, ainsi que nous le disions au début, une plus grande variété dans votre travail. Les grattages se font,

bien entendu, comme pour les dessins au crayon. Nous
ferons ici la même recommandation que pour le papier

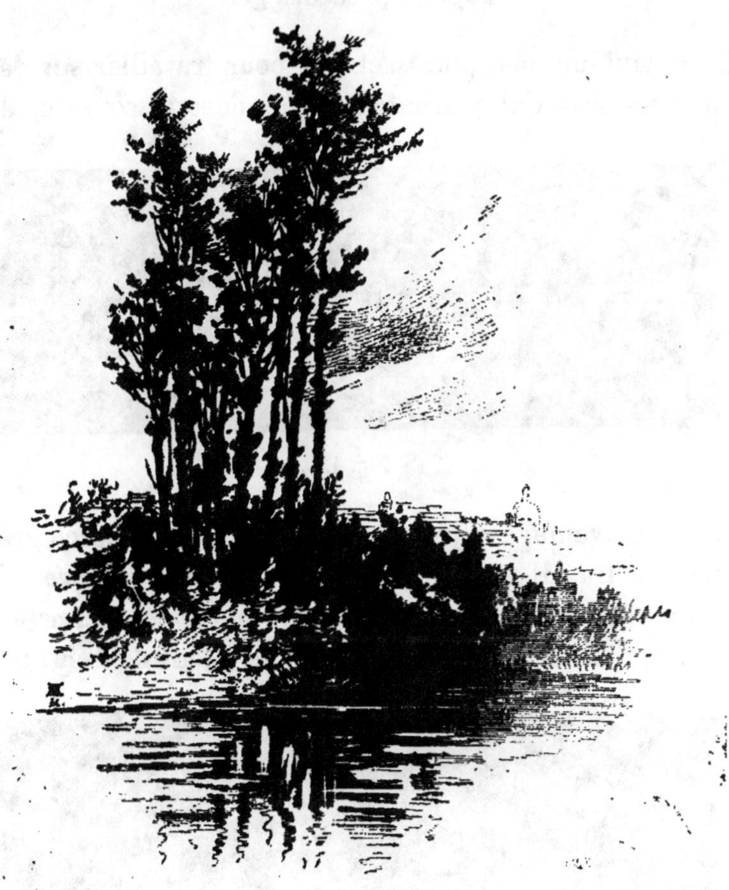

Fig. 44.

couché : appliquer les noirs au pinceau plutôt qu'à la
plume afin de ne pas écorcher le papier, ce qui rend les
grattages difficiles.

§ 2.

Papiers-procédés gris.

Il faut un peu plus d'études pour travailler sur des papiers gris qui présentent de grandes ressources, de

Fig. 45.

grands avantages lorsqu'on sait s'en servir. Avec très peu de travail on obtient parfois des effets intenses; il est vrai de dire que ce n'est point le maniement du papier qui en est la cause, mais plutôt le talent de celui qui

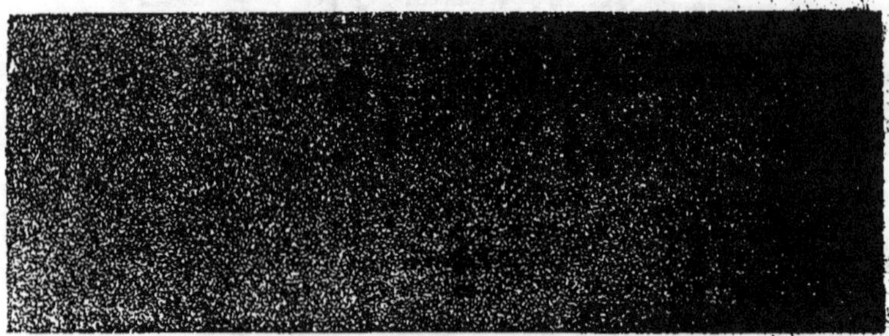

Fig. 46.

le manie et qui a su placer à propos un noir vibrant ou un blanc lumineux. Certains dessinateurs sont doublés de coloristes, bien que n'ayant à leur disposition comme couleur que le noir et le blanc; d'autres se contentent

d'être seulement bons dessinateurs, c'est déjà beaucoup,
bien que ce soit insuffisant. L'effet dans un dessin est

Fig. 47.

évidemment un des charmes les plus grands. Regardez
dans les illustrations du grand artiste qui s'appelait
Gustave Doré, comme l'effet était toujours bien posé ;

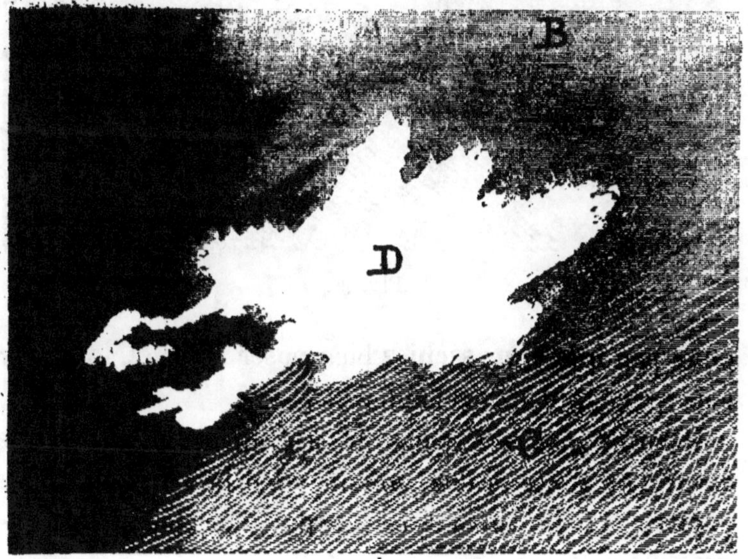

Fig. 48.

très souvent tout un dessin était composé de façon à ne
laisser vibrer qu'un seul petit blanc, d'autres fois
c'étaient de grands partis pris de lumière qui s'oppo-

saient à des effets sombres. Voyez aussi les compositions aussi spirituelles que ravissantes d'un autre maître ès illustrations : Ed. Morin. Voyez les dessins de Vierge, de cent autres encore, si vous voulez bien comprendre ce que j'entends par « dessinateur-coloriste » !

Pour peu que vous ayez le sentiment de la couleur,

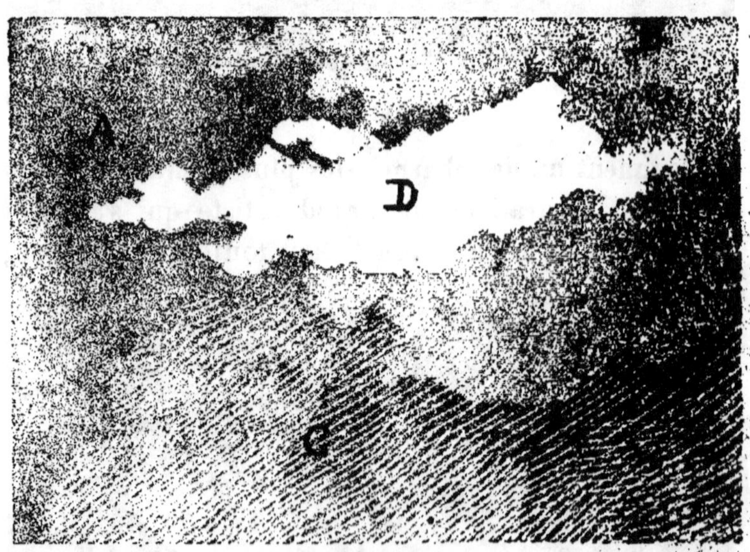

Fig. 49.

pour peu que vous sachiez bien poser un effet, le papier gris procédé vous enchantera.

Il en est, nous l'avons dit, à grains, à lignes. Mais ces lignes et ces grains, comme aussi le surcoupage du papier, varient suivant la marque, car chaque photograveur a la sienne.

Les figures 45, 46, 47 donnent des papiers de genres différents : à lignes, à grains, ces derniers s'appellent aussi papiers aqua-tinte.

Quelques explications sur le papier lui-même ne

peuvent que mieux faire comprendre celles qui suivront
sur leur mode d'emploi.

Les papiers gris sont fabriqués comme les papiers
blancs, c'est-à-dire portent en relief une ligne, un point;
en outre on a imprimé en noir et dans un sens contraire
une autre ligne ou (pour l'aqua-tinte) une sorte de granité; en grattant légèrement, sans entamer la pâte, vous

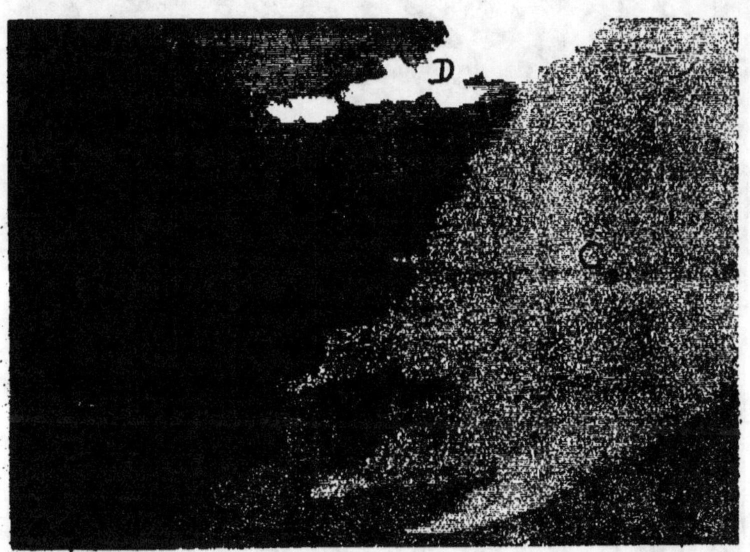

Fig. 50.

enlevez la ligne ou le point imprimés en noir et
vous obtenez un gris de valeur moindre, puisque
le noir que vous n'avez enlevé qu'à la surface, subsiste
dans le striage. Vous pouvez aussi gratter en hachures.

Voici au reste pour compléter l'explication, du papier
dont certaines parties ont été grattées superficiellement
(fig. 48, 49) et d'autres grattées plus profondément
pour arriver au blanc pur.

Les parties A indiquent le papier tel quel ;
—   B   —   gratté à la surface ;
—   C   —   gratté en hachures ;
—   D   —   gratté à fond.

Si vous voulez, maintenant, obtenir un autre gris encore, il vous suffira d'enduire de noir au pinceau (sans manques ou surcharges) les endroits où vous

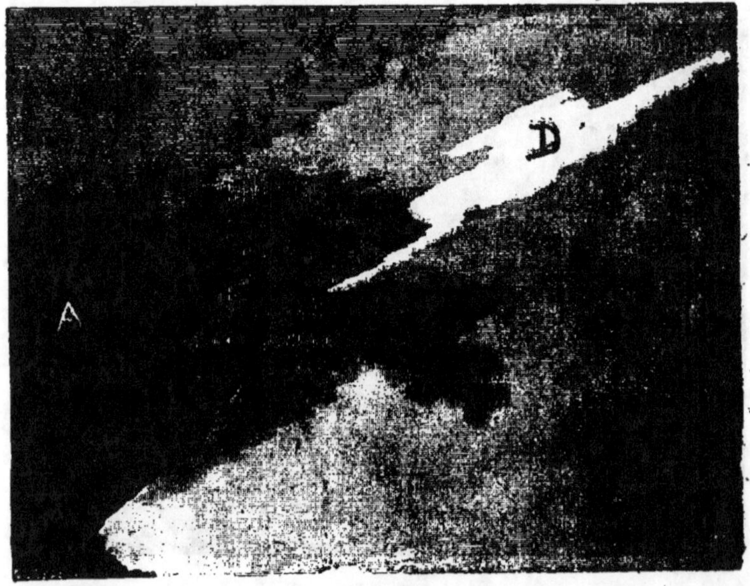

Fig. 51.

voudrez voir apparaître cette troisième valeur. Votre encre *bien séchée* (séchée naturellement, non à la chaleur, ce qui la fait écailler), il vous suffira de gratter superficiellement pour enlever le gris imprimé qui fera place à une ligne très rapprochée : ceci est aisé à comprendre, en encrant partout, votre noir est entré dans les creux, en grattant légèrement vous avez enlevé la ligne en relief que vous aviez noircie, elle aussi, et qui laisse à sa place un blanc.

Les figures 50, 51, indiquent l'une du papier aqua-tinte, l'autre du papier à lignes, noircis, puis grattés comme nous venons de le dire :

A, partie noircie ;

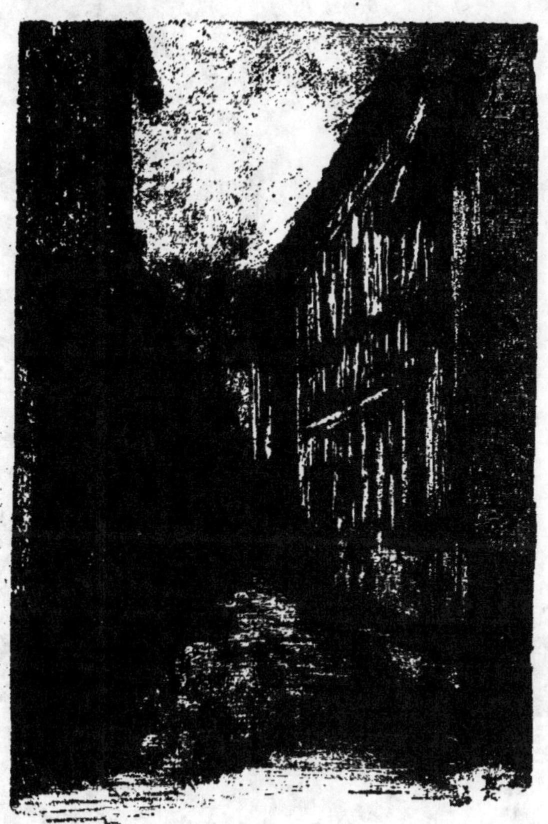

Fig. 52.

B, partie noircie, puis grattée ;
C, partie grattée sans avoir été noircie ;
D, papier gratté jusqu'au blanc ;
E, papier tel quel.

Voilà donc trois valeurs obtenues (nous ne comptons ni le noir, ni le blanc) par le papier lui-même et sans

que vous ayez eu à donner un seul coup de crayon;
jugez d'après cela des ressources qu'offre le susdit
papier.

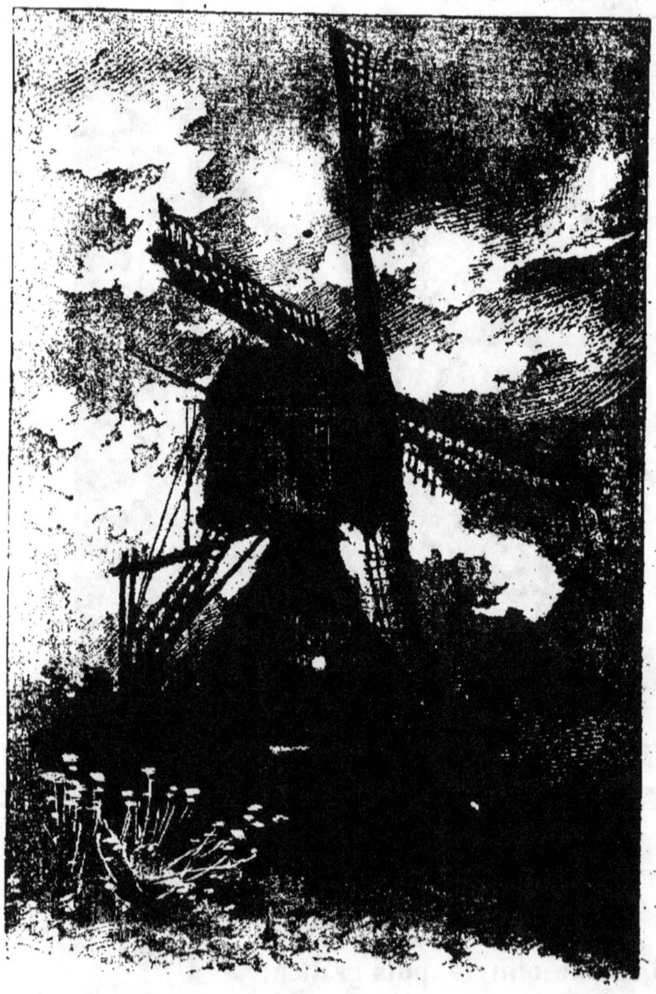

Fig. 53.

Il faut, par exemple, s'exercer à jouer habilement du
grattoir, il remplit ici un rôle au moins aussi impor-
tant que la plume ou le crayon.

L'exécution d'un dessin sur papier gris est, en soi-
même, fort simple, elle est toute pareille à celle néces-
sitée par le papier blanc, seulement il faut faire d'avance
la part des *valeurs*. On doit, en commençant son œuvre,
admettre le ton du papier, soit comme le gris le plus

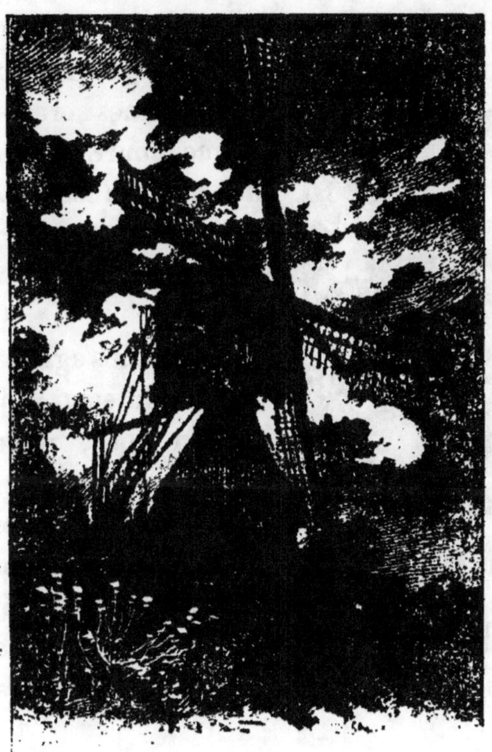

Fig. 54.

clair, soit comme un gris intermédiaire, et poser toutes
les autres valeurs en conséquence.

Il est plusieurs façons de procéder ; celle que je pré-
coniserai consiste à ébaucher son œuvre en tant qu'effet
de façon à pouvoir le plus vite possible gratter les blancs
principaux ; ceci afin d'éviter des erreurs de tons ; un
dessin fait entièrement sur papier gris pourra paraître

fort harmonieux avant les grattages, mais perdra cette harmonie une fois ceux-ci faits ; en effet, les blancs purs enlevés acquièrent une telle vigueur, étant données les valeurs qui l'entourent, que souvent tout le reste paraît décoloré ; voilà pourquoi nous conseillons l'enlèvement des blancs dès le début du travail, si possible·

Comme les papiers blancs, les papiers gris permettent l'emploi tout aussi bien de la plume que du crayon (les mêmes crayons), de même pourra-t-on se servir du pinceau sec. Le dessin figure 52 est exécuté à la plume, puis rehaussé de crayon.

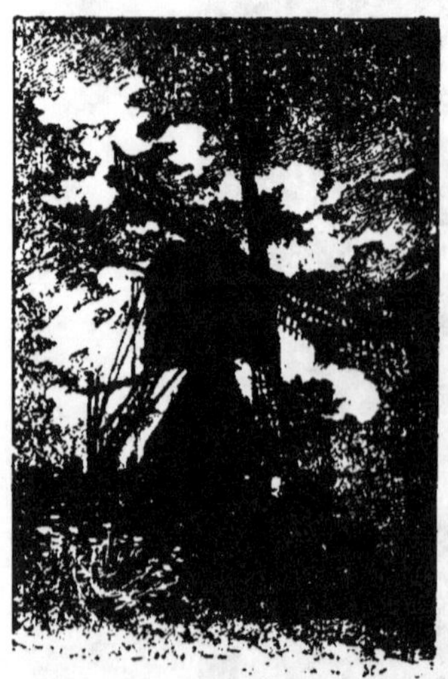

Fig. 55.

Lorsqu'il s'agit de dessins où l'architecture joue un certain rôle, mieux vaut employer du papier dont les lignes sont en diagonale sur la feuille ; tous les photograveurs n'en ont point, mais on y suppléera en employant son papier en biais au lieu de le prendre en « droit fil ».

Une observation pour finir, elle a son importance : Les feuilles de papier-procédé ne sont point striées jusqu'aux bords, cela est facile à voir en regardant la feuille horizontalement, à jour frisant ; en tous cas il suffira avec un crayon d'essayer les bords et l'on s'abstiendra de travailler sur toutes les parties où le crayon ne donnerait pas de traits surcoupés.

Nous avons dit que le dessin à la plume sur bristol supportait, étant traité en conséquence, de très fortes réductions et nous avons donné des exemples à l'appui.

Les papiers-procédés ne sont pas dans le même cas et ne permettent que des réductions moindres ; il nous est arrivé, pourtant, de faire réduire de moitié certains dessins au procédé et nous avons obtenu d'excellents résultats ; mais il ne faut pas tabler là-dessus et il vaut mieux, à moins de cas exceptionnels, ne se fier qu'à des réductions ne dépassant pas un tiers ou un quart.

Voici au reste, pour vous fixer *de visu*, un dessin exécuté à 11 centimètres, puis réduit à 8 centimètres, c'est-à-dire

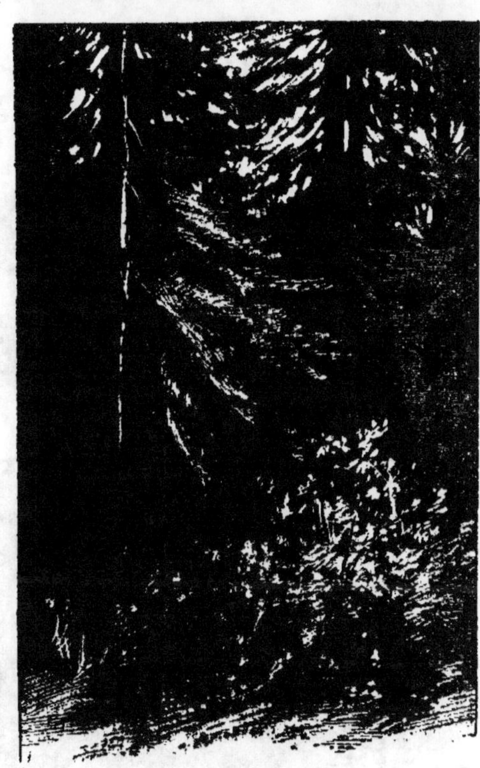

Fig. 56.

d'un tiers (fig. 53), puis alternativement porté à 6 centimètres, soit moitié (fig. 54), 4 centimètres (fig. 55), réduction à un tiers. Vous vous rendrez compte en les examinant des divers effets obtenus et vous pourrez comparer avec les types de réductions donnés par les dessins à la plume sur bristol (fig. 9, 10 et suivantes).

Les papiers blancs (procédés) sont tout aussi rétifs aux fortes réductions que les papiers gris (fig. 56 et 57).

CHAPITRE X

DESSINS SUR VERRE

Le procédé dont nous allons parler n'est plus guère, que je sache, en grand honneur ; il a été abandonné, bien

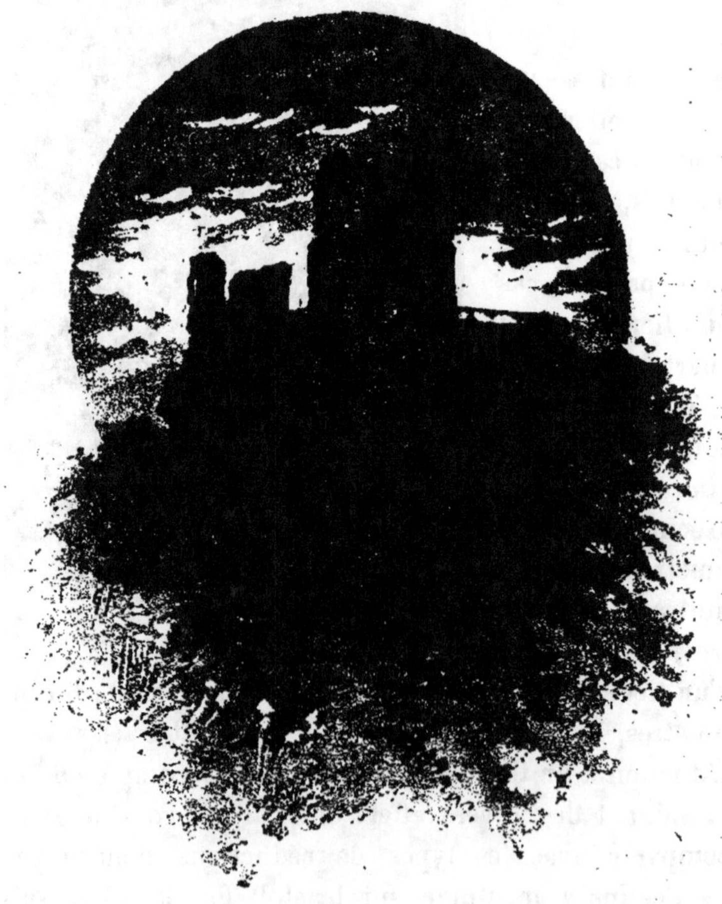

Fig. 57.

qu'ayant donné des résultats satisfaisants. Ce procédé n'était, en somme, que la simplification des opérations photographiques, puisque c'était l'artiste lui-même qui exécutait son cliché et voici comme :

Le promoteur du susdit procédé vous donnait une plaque de verre enduite d'un apprêt blanc jaunâtre très opaque et s'enlevant très aisément même sous l'ongle (ce qui était un inconvénient, car les éraflures étaient difficiles à éviter). Vous posiez ce verre ainsi préparé sur une surface noire et vous dessiniez avec des pointes de diverses grosseurs. J'ai essayé d'exécuter quelques dessins ainsi et j'avais même imaginé de me servir, non seulement de pointes, mais encore de plumes, ce qui me donnait des traits doubles, puis d'outils ébréchés, de clous, que sais-je! pour obtenir des tailles diverses ; c'était, ma foi, fort amusant à faire, et on arrivait à des effets inattendus, souvent fort curieux! Le graveur qui avait innové ce nouveau « truc » y a renoncé, j'ignore pourquoi, mais je suppose qu'il avait ses raisons, cet homme ; et, ma foi, j'ai fait comme lui, mais je ne dis pas qu'un jour ou l'autre je ne recommencerai pas... Vous pourrez aussi en essayer si le cœur vous en dit.

Le verre ainsi traité devenait, tout naturellement, l'équivalent d'un cliché photographique ; vu en transparence il faisait absolument le même effet, puisque l'opacité de l'apprêt interceptant la lumière rendait noires les parties enduites et qu'en revanche les endroits enlevés la laissaient passer.

Il n'y avait donc plus, pour le photograveur, qu'à agir avec le verre ainsi dessiné comme avec un verre impressionné par l'objectif : les morsures à l'acide se faisaient de même.

J'ai cru intéressant de donner ce moyen bien qu'il soit tombé en désuétude ; qui sait si quelque jour un malin quelconque ne l' « inventera » pas derechef?

CHAPITRE XI

LA CHROMOTYPOGRAPHIE

Il nous reste maintenant à dire quelques mots de la « chromotypographie », pour nous servir du mot technique,... la « chromotypo », comme disent dessinateurs et imprimeurs qui trouvent le mot trop long ; l'un et l'autre terme expriment assez, du reste, de quoi il s'agit : typographie en couleurs.

Pendant longtemps on s'est borné à ne se servir des procédés de photogravure que pour tirer des dessins en noir ou tout au moins monochromes, puis on s'est ingénié à trouver les moyens de rendre la couleur ; et pourquoi pas, puisque la lithographie, qui avait, elle aussi. débuté par des tirages d'un ton unique, était arrivée à reproduire fort bien aquarelles ou peintures à l'huile, étoffes ou décorations ?... En partant du même principe on devait évidemment obtenir un résultat similaire ; on y est arrivé en effet.

Le point de départ est le même : faire un cliché pour chaque couleur et arriver, par des superpositions de tons, à rendre toutes les gammes désirées. Là du reste est la difficulté, là réside le talent du graveur chargé d'interpréter une œuvre. Il faut qu'il décompose en quelque sorte l'œuvre à reproduire et que, non seulement il calcule où doit tomber tel ou tel ton, mais encore apprécie à quelle valeur il doit pousser ce ton ; nous ne nous appesantirons pas ici sur cette opération, qui nécessite de la part de l'exécutant une parfaite connaissance de la « couleur » et de ses ressources, car cet exécutant ici ce ne sera point vous. mais votre photograveur. Au reste nous donnons dans *les Procédés de taille-douce et la lithographie*, des explications à cet égard, à propos d'un procédé, la lithographie, qui vous permettra de vous essayer vous-même à la déclinaison des tons et à leurs superpositions. Ici votre rôle doit se borner à l'exécution de l'original, du « modèle » qui doit servir à la reproduction.

Partons d'abord du plus simple pour arriver au plus compliqué.

Il est assez fréquent d'avoir à faire des dessins en deux ou trois couleurs. Ceux en deux couleurs comportent le plus souvent un ton (noir, bistre, etc.) pour l'exécution du dessin, puis une teinte pour l'accompagner. En ce cas vous aurez tout simplement à exécuter votre dessin identiquement comme s'il devait ne tirer qu'avec un ton unique; vous vous servirez soit du dessin à la plume sur bristol, soit des papiers-procédés, soit encore (si vous ne redoutez pas un surcroît de dépenses) du *procédé direct*.

Votre dessin terminé, vous le remettrez au graveur qui à son tour vous en rendra une épreuve ; sur cette épreuve au pinceau vous indiquerez la teinte supplémentaire. C'est en somme la même façon de faire que pour le dessin avec aqua-tinte dont nous vous avons parlé; la différence n'existe que pour le graveur qui fera de la teinte un second cliché; tandis que l'aqua-tinte n'est qu'une adjonction au cliché de trait lui-même. Pour celle-ci, un seul tirage, naturellement. Pour le dessin avec teinte, deux tirages.

Toute pareille est la manière de s'y prendre pour un dessin en trois et même quatre couleurs, et vous pourriez même procéder ainsi pour des œuvres avec un plus grand nombre de couleurs, s'il n'était plus agréable pour vous, et plus aisé pour le graveur, de vous y prendre inversement, c'est-à-dire de commencer par faire votre œuvre en couleurs, puis d'en exécuter le trait, si c'est une composition cernée, exécutée par à plats, ou un dessin complet si c'est une œuvre poussée, modelée. Dans ce cas vous choisiriez le ton qui dans votre œuvre modèle les autres et vous traiteriez votre dessin en reproduisant bien exactement partout lesdits modelés, puis les traits indiquant les formes et les silhouettes même lorsque celles-ci ne sont pas cernées; vous ferez enlever vos traits après, si c'est nécessaire, mais vous comprendrez aisément qu'ils sont indispensables pour servir de guide au graveur; songez que souvent dans une même silhouette plusieurs tons devront exactement et sans écarts se superposer... Comment voudriez-vous que le graveur s'y prît pour suivre rigoureusement une forme si celle-ci n'était pas tracée?...

Pour une œuvre qui doit être reproduite par la « chromotypo » (abrégeons) on doit toujours songer au nombre de couleurs dont on dispose, puis composer sa gamme et ne point s'écarter des tons choisis et de leurs dérivés. Comme en chromolithographie, les superpositions jouent ici un grand rôle et c'est à vous à parfaire votre œuvre de façon à ce que le graveur chargé de la reproduire, puisse facilement en rendre tous les effets, tous les coloris, toutes les valeurs avec le nombre de tons qui lui est accordé.

En somme, vous le voyez, la difficulté d'exécution d'une œuvre en couleurs (en tant que procédé) existe plus pour le reproducteur que pour l'artiste, à la condition, toutefois, que ce dernier sache ce que c'est que la couleur, qu'il ait fait de l'aquarelle, du pastel ou de l'huile; les trois moyens sont bons pour exécuter les originaux, mais l'aquarelle est préférable pourtant.

Il est urgent que tout soit bien clairement, bien nette-
tement indiqué ; dites-vous bien que ceux qui exécu-
teront les clichés ne sont que des interprètes dont le
devoir consiste uniquement à rendre de leur mieux et
point par point ce que vous aurez tracé... et encore n'y
arrivent-ils pas toujours, car s'il est des praticiens ha-
biles, il en est aussi de fort maladroits ! Gare à ceux-là !

CONCLUSION

Puissions-nous n'avoir rien omis de ce qui peut vous
intéresser au sujet des procédés en relief !... des procédés
typographiques plutôt, car s'il nous fallait prendre au
pied de la lettre le terme « en relief » il nous faudrait
traiter ici de la « lithographie » qui, elle aussi s'en
offre, du « relief » ! mais dans de si faibles proportions
que, ma foi, nous l'avons écartée, nous réservant d'en
parler ailleurs. Il est vrai de dire que là n'est point la
seule raison : la typographie a une importance telle,
et les procédés qui s'y rattachent sont si spéciaux que
mieux vaut leur laisser toute la place dont nous dis-
posons ici et réserver à la lithographie une place auprès
de la taille-douce (eau-forte, pointe sèche, etc.), elle ne
sera point en mauvaise compagnie et je ne pense pas que
les lithographes, gens plutôt calmes et patients, aient
assez mauvais caractère pour m'en garder rancune !

Et voilà !

7242-6-28. — Coulomm. Imprimerie Ém. Caeva.

www.ingramcontent.com/pod-product-compliance
Lightning Source LLC
LaVergne TN
LVHW022314170726
843503LV00006B/2487